JN438220

이화, 달빛 사르다

이승숙 수필집

청옥

작가의 말

흩어져 있던 글의 조각들이
푸른 날개를 달았습니다.
감사와 부끄러운 마음이 드는군요.
삶이 먼지를 닦는 것이라면
수필은 마음을 닦는 일입니다.
고독한 여정, 그 쓸쓸함에도
눈부신 햇살이 들었습니다.

2017년 여름. 해랑 이승숙

목차

제3부

제4부

서평

제1부

숫눈

보림사 해우소 가는 눈길에 애기 동백꽃 한 송이 누웠다. 소신공양의 붉은 낙관을 찍는다. 오방색 단청과 푸르른 소나무 그윽한 설경 속으로 나도 하나의 풍경이 된다.

숫눈 위에 그리는 뽀드득 뽀드득 발자국 소리는 음표가 되어 산사의 고요를 깨운다. 금세 눈의 무게가 깊어지고 산사의 지붕에 눈결의 파장이 인다. 은빛 바다 피안의 세계에 나는 붉은 외로움을 토한다. 발목을 넘나들던 눈길은 어느새 종아리의 경계를 오르내린다. 숫눈 위에 찍힌 내 발자국을 따라 그가 걸었다.

오래 전 내가 살던 도시에도 폭설이 내렸었다. 겨울눈이 일상인 우리에겐 아무런 감흥도 일지 않았던 때다. 남녘에서 올라온 그가 강아지마냥 눈길을 뛰며 뒹굴었다. 그렇게 그는 밤이 늦도록 눈사람이 되었다. 그런 그의 모습이 외계인처럼 생경스러워 멀거니 바라만 보았다.

흰 옥양목 이불을 들썩일 때마다 눈길 밟는 소리가 들렸다. 그날 밤 동백꽃보다 더 붉은 낙관을 찍었다. 낙관은 주홍글씨의 덫이 되어 인연이라는 고리를 걸었다. 그날 펑펑 눈이 우는 소리를 들으며 골목길을 걸어 나왔다. 싸리꽃 같은 눈물이 작달비처럼 쏟아졌다. 눈길은 눈물의 길이라는 것을 비켜 선 시간이 가르쳤다.

하얀 눈은 모든 것을 덮어 눈을 멀게 만든다. 눈길은 낭만과 신비의 길이 아니라며 가면을 훌훌 벗어 던진다. 하얀 눈이 녹으며 질펀한 눈물을 흘린다. 사랑에 눈 먼 신 아폴론처럼 그는 나에게 화살을 겨누었고 나는 다프네처럼 도망가기 바빴다. 오랜 세월을 아폴론에게 소신공양 했다. 그럼에도 불구하고 다프네의 월계관은 커녕 가시면류관만 씌워졌다.

폭설은 하얀 눈꽃을 피우고 나는 보림사 경내를 돌며 눈길을 만든다. 붉은 외투의 보살은 대웅전 뜰을 쓸어내리고 하염없이 내리는 눈은 그 길을 덮고 또 덮는다.

분분히 날리던 새하얀 꽃잎이 눈꽃송이처럼 거침없이 내린다. 나무 위에, 대지 위에, 우리들 어깨 위에도 좀처럼 잦아들지 않는다. 눈은 처음 듣는 흰빛 언어로 다가와 새하얀 여백을 펼친다. 함박눈을 맞으며 눈길을 걸어본 게 그 언제였던가!

오후 네 시를 지나는 눈꽃이 나를 취하게 만든다. 물색 고운 빛으로 익어가고 싶은 날, 복사빛 얼굴 너머로 눈꽃이 진다.

차茶와 술

어스름히 밝아오는 새벽녘이다. 달아난 잠을 쫓는 나는 잠의 스토커다. 망상과 공상을 반복하다 책을 들었다. 놓친 시간과 잠의 미련을 떨치지 못한 아쉬움이 새벽을 깬다. 따뜻한 온기에 설핏 잠이 들었다. 청년의 아들이 아기가 되어 내 등에 업혀 있다. 아기를 업은 채 이곳저곳을 분주히 돌아다니던 모습이 왠지 찜찜하다. 꿈에 나타난 아기는 근심이라는 말을 어디선가 들었다.

평강을 기도하며 다기를 꺼내 닦았다. 오랜만에 찻물을 우리는 시간이다. 사람의 향기가 다르듯 차향도 갖은 향기를 담고 있다. 머리를 깨우고 마음 비우는 데는 차가 제일이다. 찻물 따르는 소리가 영혼을 깨운다. 그 영혼이 봄비를 부르고 봄비는 새 생명을 낳는다.

다관 손잡이가 동강 났다. 다른 곳 멀쩡한 것을 버릴 수 없어 접착제로 붙였더니 그런대로 괜찮았다. 이름 있는 작가의 작품도, 물 건너 온 귀한 것도 아닌 그냥 보통의 다관이다. 우윳빛에 거미줄과 벌집무늬들이 무수히 새겨진 것은 나와 함께 한 세월의 이력서다. 이름 없이 내 집에 들어와 소신공양한 다관을 버릴 수 없음에도 불구하고 홀대하고 멀리 했다.

찻물이 배인 다관 속은 황톳빛으로 물들었다. 차 맛을 낸다는 게 어디 쉬운 일인가. 초의선사의 다신전에 보면 찻물을 지나치게 끓이면 물이 늙어 노수라 했다. 뽕나무 밑에 이슬을 받아 낸 물이나 황토로 지장수를 만든 물이 좋다는 말을 들었다. 깊은 우물물도 좋지 않고 흐르는 약수가 좋다고 하지만 나는 생수를 이용한다.

적절한 온도에 기다리는 시간이 있기에 급한 성정을 가라앉히는 지혜를 가르친다. 고독한 자들의 넋두리와 지친 영혼의 소리가 찻잔에 스민다. 혼자여도 좋고 여럿이 나누어도 좋은 게 차 문화다. 차를 나누는 사람들은 우를 범하지 않으며 마음 밑자락을 보이지 않는다. 견고한 내공에 향기가 묻어난다. 차를 따르는 소리는 가볍지 않으며 깊은 울림이 있다. 고요를 깨는 영혼의 울림은 에둘러 가는 세상의 이치를 깨닫게 한다.

계룡산 갑사 팔상전은 작설차의 차 맛을 알게된 곳이다. 17세 여고생이 깊은 차 맛을 어찌 알겠는가. 다도를 가르쳐 주신 스님을 잊을 수 없다. 가끔씩 갑사를 찾는 날은 팔상전을 서성이며 추억의 차향에 머물다 온다. 좋은 차를 마신 날은 차향이 날아갈까 입을 열지 않았다는 분도 있다.

술은 세계에서 공통으로 즐기는 기호식품이다. 마시는 방법과 절차 문화는 각기 다르다. 흔히들 우리나라를 술 권하는 사회라 한다. 술은 묘한 마력을 가졌다. 없던 용기가 생기고 긴장의 끈이 스르르 풀린다. 슬픔과 아픔, 고통과 그 무엇인가를 잊는 진통제가 되기도 한다.

주고받는 술잔에는 끈끈한 정이 흐르고 평소 소원했던 관계를 부드럽게 이어준다. 보통 사람들이 헤어지며 하는 말 중 '언제 술 한 잔 합시다'는 말은 실제로 지켜지는걸 보지 못했다. 몇 잔이든 몇 병이든 언제나 한 잔이다. 심지어 2차, 3차까지 다녀와도 한 잔이다. 적당한 술은 사람을 너그럽게 만들지만 지나치면 본인은 물론 주위에 민폐를 끼치는 게 술이다.

취하면 사람을 조롱하게 만들고 스스로 조롱거리가 되기도 한다. 마음 밑자락에 켜켜이 쌓였던 감정과 응어리들이 용암처럼 분출되어 뒷감당을 못하기도 한다. 술은 이성을 잃게 하고 판단력을 흐리게 한다.

부끄러움을 모르고 벌거벗게 만드는 것도 술이다. 성경에 나오는 노아가 그랬다. 술에 취해 자녀들 앞에서 벌거벗은 모습을 보였고 이 일로 인하여 가족의 분열로 이어졌다. 롯의 두 딸은 롯에게 술을 마시게 하고 아버지와 동침을 해 아들을 낳아 근친상간의 범죄를 저질렀다. 고금을 막론하고 범죄의 형상은 비슷한가 보다. 취중에 저지른 범죄를 우리 사회는 너무 쉽게 용서를 한다. 좋지 않은 전례로 인하여 끊임없이 같은 범죄가 일어난다.

이십대 중반의 청년이 개발 했다는 술잔을 나도 하나 갖고 싶다. 도자기로 만든 술잔에서 달이 뜬다. 술을 가득히 부으면 보름달이 뜨고 한 모금 마시면 반달이 뜬다. 술이 차츰 줄면서 그믐달 초승달이 뜬다는 낭만의 술잔이다. 이태백이만큼 술을 사랑했던 친구였기에 그런 아이디어가 나오지 않았을까. 매화꽃 향기 가득한 달밤에 술 한 잔 청하리라.

차는 이지적이고 술은 감성적이다. 차와 술의 공통점은 물맛이 좋아야 된다는 점이다. 사람은 물맛이다. 다도가 있듯 주도 또한 있다. 차와 술의 경계를 허물고 싶은 날이다.

주상절리의 파도 소리

국도변의 작은 포구 읍천항에 들어섰다. 빨강과 흰색의 등대가 이채롭다. 사이좋은 부부처럼 서로를 바라보는 모습이 평화로운 등대다. 홀로 있는 등대는 보는 이를 더 외롭게 만들어 황량한 가슴으로 돌아왔던 기억이 있다.

경주 읍천항과 하서항의 해안선을 따라 이어지는 길을 파도소리길이라 한다. 듣기만 해도 미소가 나오는 고운 이름을 누가 지었을까. 아마도 풀꽃처럼 여린 심성과 온화한 인품의 소유자일 것이다. 연한 잉크빛으로 물든 바다는 맑은 바닥의 속살을 부끄럼 없이 벗었다. 삶에서 오는 고독과 무게를 토했다. 바다는 토한 것을 먹으며 위무한다. 출렁이는 바다에 누워 파도를 덮고 꿈을 꾸었다. 풍어제 굿판 소리가 나를 흔들어 깨운다.

얼마 전 개방 된 소리길은 때 묻지 않은 처녀길이다. 오밀조

밀 이어지는 길에서 들꽃들은 수줍게 미소를 짓는다. 찔레, 해당화, 엉겅퀴, 나팔꽃 등이 무리지어 피었다. 화려하지 않아 더 정감이 가는 들꽃은 동양화의 여백처럼 긴 여운을 남긴다. 하얀 나비가 찔레꽃을 범했다. 그놈 참 성미도 급하다. 소리길은 또 다른 소리를 낳고 자연과 우주를 품는다.

바위에 뿌리를 내린 해송의 기품이 의연하다. 모진 해풍에 흔들리지 않는 의연함은 어디서 오는 것일까. 성공한 해외 입양아들과 바닥에서 꿈을 실현한 사람들은 해송처럼 환경을 탓하지 않았다. 삶의 고통이 혹독할수록 견디는 내공 또한 깊어졌을 것이다.

읍천항의 바다는 자연과 시간이 만들어 놓은 주상절리 박물관이다. 화산이 폭발하며 용암이 바다로 흘러 굳을 때 굳는 속도에 따라 수축 되거나 당기는 힘이 발생한다. 이러한 작용으로 인해 오각이나 사각기둥의 모양으로 굳어진 암석을 주상절리라 한다. 우리나라의 제주도 중문해안과 이곳이 있다.

바다 위에 떠 있는 여인의 둥근 주름치마 또는 한 송이 해국이 바다에 떠 있는 모양을 화형 주상절리와 누워있는 주상절리로 부른다. 세계에서 보기 드문 국내의 유일한 국보급 존재다. 영국, 호주에 각각 한 곳씩 있으나 이곳과 크기가 비교 되지 않는 학술적 가치가 매우 높다 한다. 머지않아 천연기념물로 등재 된다는 소식과 세계자연유산으로 거듭 날 것으로 보인다.

다각형의 빗금 친 모양으로 서 있는 주상절리는 여러 모습들이다. 장작을 계단식으로 쌓아 놓은 형상과 화살이 땅에 꽂힌 듯 사선형의 낮은 돌기둥들이 있다. 모양 하나하나에 새겨진 깊은 상처들은 영원히 지지 않는 꽃이 되었다. 성공한 자의 실패가 아름답듯 고통의 흔적이 세계 최고의 예술품을 낳았다.

그림 있는 어촌마을로 진입하면 벽면 가득 채워진 바다풍경을 만난다. 국립현대미술관과 월성원전의 벽화 그리기 공모전에서 탄생된 작품들이다. 전국 최대 규모의 벽화는 작은 마을을 변화시켰다. 풍경이 변하니 사람들도 변했다. 마을 담벼락은 캔버스가 되어 갖가지 풍경을 담은 갤러리로 지역문화를 낳았다.

만선의 기쁨을 알리는 깃발이 나부끼면 고기잡이 나간 아버지가 돌아오고 언덕 위 빨강 등대 앞에는 백구 한 마리가 주인을 기다리고 있다. 허물어진 담벼락에 담쟁이 넝쿨이 그려졌다. 걸음을 옮길 때 마다 또 다른 풍경이 들어온다. 창고 벽에선 돌고래가 튀어 나오고 어느 집은 고등어자반이 식욕을 돋았다.

바다 속을 헤엄치는 물고기, 해산물을 한 아름 짊어진 해녀,

버스 정류장에서 버스를 기다리는 노부부, 골목 어귀에 몰래 오줌 싸는 어린 꾸러기, 철 지난 감나무가 익어 가는 집도 있다. 그런가 하면 깊은 바다 속 용궁을 나온 거북이가 벽을 뚫고 나와 세상구경을 한다. 금방이라도 달려들어 간을 달라면 어쩌나 싶어 오른쪽 가슴에 손을 얹었다.

유럽의 골목길에서만 볼 수 있을 것 같았던 그래피티나 트릭아트의 멋진 벽화들이 탐방객들의 눈과 마음을 훔친다. 신생대의 주상절리와 3차원의 트릭아트가 함께하는 읍천 마을은 과거, 현재, 미래가 공존하는 곳이다.

윤기 흐르는 몽돌 해안가에 발자국을 찍었다. 천사 같은 파도는 닦고 또 닦는다. 파도 소리는 내 울림의 기도문이었다.

트릭아트: 평면의 그림을 입체로 표현하는 초리얼리즘 예술, 사람의 시각에 착각을 일으켜 그림이 입체적으로 보이면서 특정 부분을 관람자 시선에 따라 움직이게 함.

그래피티: 스프레이 분무기로 그려진 낙서나 문자 같은 그림.

달 항아리

하얀 달빛과 쏟아지는 별무리 속에서 아홉 살 소녀는 숨이 멎는 줄 알았다. 초가지붕에 피어난 박꽃의 청초함과 오묘함, 흰 달빛은 더욱 흰빛으로 쏟아지며 박꽃을 품었다. 하얀 꽃잎은 금방이라도 찢어질듯 가련한 모습이다. 달빛 내려앉은 마당이 눈처럼 하얗게 깔리던 그 밤, 나도 하얀 달꽃이 되었다.

오래전 박물관에서 달 항아리를 만났다. 만삭이 된 임부의 모습처럼 둥글둥글한 게 세상 모두를 품어 줄 것 같다. 달처럼 생겼다 해서 달 항아리라 이름 불려 진 조선 백자. 마음을 비우고 비운만큼 그 자리에 복이 채워진다는 소박한 항아리다.

영국 최고의 도예가인 버나드 리치가 구입하며 남긴 말이 "나는 행복을 안고 갑니다"고 했던 달 항아리. 지금은 대영 박물관 한국관에서 모든 이 들에게 행복을 안겨 주는 주인공이 되었다. "너무나 순정적이어서 마치 인간이 지닌 가식 없는 어진 마음의 본바탕을 보는 듯하다"고 미술사학자 최순우 는 말했다.

보름달 속에서 본 박꽃과 달 항아리를 만났던 그날의 황홀함과 짜릿함은 첫사랑의 상큼한 이미지처럼 내 모든 감각을 흔들었다. 달빛과 함께 신작로를 걷다보면 나는 그림자가 되고 그림자는 내가 되어 길동무가 된다. 달을 이고 걷기를 유난히 좋아했던 나는 요즘의 문텐 로드를 즐긴 셈이다.

고향집 보름달이 언덕 위 가죽나무에 걸려 있었다. 휘영청 밝은 달빛 사이로 젖어드는 흐느낌 소리에 잠이 깨었다. 스물한 살의 장남은 먼 곳으로 떠났지만 사십대 중년의 엄마는 보내지 못하고 온 몸으로 울고 있었다. 생떼 같은 자식을 하루 아침에 잃은 충격은 엄마뿐만이 아니었다. 온 가족이 정신적으로 매우 힘든 시간을 보냈다.

이별의 준비 없이 떠난 오빠는 가족 모두에게 아픈 상처를 남기고 떠났다. 굽이쳐 돌아드는 강물이 비단처럼 아름답다는 금강, 오빠를 앗아간 비운의 강은 더 이상 금강이 아니었다. 푸르고 푸른 스무 살을 갓 넘긴 오빠는 다음날 저녁 백 리 밖 강가에서 싸늘한 주검으로 발견되었다. "부모 앞에 떠난 자식은 자식이 아니라고 모질게 살라"며 지인들이 엄마를 달랬다.

몇 번씩 혼절을 거듭하며 오열하는 엄마의 울부짖음은 너무도 처절했다. 그날 밤 일가친척들은 오빠를 종중宗中 산에 묻었다. 그때도 칠월의 보름달이 환하게 웃고 있었다. 달빛을 유난히 좋아했던 나였지만 왠지 오빠의 죽음은 달빛의 시샘 때문이라 느껴졌다. 그 후론 보름달의 찬 기운이 내 모두를 감싸는 듯 마음마저 싸늘히 식어가고 있었다.

자식 앞세운 게 부끄럽다며 오랜 세월을 대문 밖 출입도 하지 않던 엄마는 모든 슬픔과 한을 가슴에 묻은 채 달 항아리가 되었다. 우리는 서로 약속이라도 한 듯 강이나 바다 같은 물길을 삼갔다. 그것은 엄마에 대한 배려였고 불문율처럼 지켜졌다.

집안의 경사나 명절날도 우리는 마음 놓고 웃을 수 없었다. 빛바랜 오빠의 사진에 넋이 나가 있던 엄마, 그 가슴 아픈 울음을 알기 때문이다. 땅거미가 내려앉을 시간이나 달빛 고운 날이면 영락없이 엄마의 한숨과 토해내는 실울음이 들려왔다. 우리 모두는 마음의 병을 앓는 공동체의 피해자였다. 우울한 집안 분위기 탓인지 멀쩡하던 남동생이 시름시름 앓기 시작했다. 뚜렷한 병명도 없이 결국 학교도 휴학을 하고 말았다.

어느 날 부터인지 엄마가 이상해졌다. 무당집을 드나들고 가족의 운명을 그들의 점괘에 맡겼다. 집에서 굿판이 벌어지고 마을 아낙들이 구경을 왔다. 자존심도 벗어던진 엄마는 연신 비손질을 했다. 그 모든 게 낯설고 부끄럽고 창피했다. 엄마는 예전에 우리가 알던 엄마가 아니었다.

오랜 시간이 지나고 엄마가 교회에 나가기 시작했다. 신앙심으로 모든 것을 극복 하는 듯 심신의 안정을 찾으며 우리 가족에게도 평화가 찾아왔다. 슬픔을 강물에 띄워 보내 듯 죽은 자보다는 산자의 기도를 드리는 엄마의 모습은 먼 여행에서 돌아온 성자의 모습이었다. 자신을 태워 어둠을 밝히는 촛불처럼 엄마의 모든 삶도 태우고 비우는 삶을 살고 있었다.

엄마는 세상에서 제일 큰 달 항아리였다.

이화, 달빛 사르다

이화 흐드러지게 피는 사월엔 나주에 가라. 아픔도, 시름도, 서러움도 세상 모두를 잊게 할 것이다. 사월의 나주벌판은 목화솜을 펼쳐놓은 듯 온통 하얀빛이다. 차창 밖으로 펼쳐지는 은한의 풍경이 가슴 밑자락을 훑는다. 하얀 꽃잎이 짙어져 연한 파란빛이 감돈다. 오래 전 그 여승의 민머리에서도 이런 빛이 일었다.

그 어느 꽃도 견줄 수 없는 고혹적인 매력에 나의 모든 감각이 정지되었다. 깊고 깊은 몽환 속으로 빨려드는 블랙홀 같았다. 수 만 개의 검푸른 점들로 채워진 김환기의 화폭에서 나는 깊은 바다와 총총히 빛나는 밤하늘을 보았다. 아득히 먼 하늘에서 쏟아지던 파란 별빛들이 이화에 내린다. 처연한 아름다움에 순간 생을 멈추어도 좋을 것 같은 희열이 온 몸을 휘감는다.

내 나이 스무 살 때 이화를 닮은 여인과 인연이 닿았다. 이십 대 중반의 그녀는 달빛에 비친 이화처럼 맑고 고왔다. 산사의 수도승인 그녀가 마냥 좋아 잠을 이룰 수 없었다. 어느 날 문득 보고파지면 불현 듯 달려가 며칠씩 머물다 오곤 했다.

이화우 흩날리던 그날, 사위엔 땅거미가 내리고 있었다. 수덕사 일주문 앞에서 조각난 마음을 졸이며 바장대던 나. 고암 이응로, 나혜석, 『청춘을 불사르고』의 일엽스님. 그들이 인연을 맺고 떠난 이곳에서 나는 누구와 인연을 맺고 끊으려는지 혼란스러웠다. 부모님께 대받으며 말살스럽게 떠났기에 더 이상 머무적거릴 수 없었다. 너즈러진 마음을 다잡으며 그녀가 있는 선수암으로 내달렸다. 기별 없이 나타난 나의 마음을 그녀는 잘 알고 있었다. 사흘 밤낮을 오롯이 함께 했던 시간들. 별빛 쏟아지던 밤 수덕사 경내를 걸었다. 하늘 한복판에 쓸쓸히 떠 있던 조각달이 묵언의 시간을 위무하며 품었다. 그해 봄부터 가을까지 나는 바람 든 무 마냥 생기를 잃었다.

수 십 해가 지나고 수덕사에 다녀올 기회가 있었다. 일행들은 덕숭산에 오르고 나는 선수암으로 뛰었다. 첫사랑을 찾는 마음이 이런 것일까. 심장 뛰는 소리와 후들거리는 다리가 엇박자를 놓는다. 예전의 그날처럼 숨을 몰아쉬며 그녀를 찾았다. 지천명을 훌쩍 넘은 그녀는 세월의 장벽 앞에 선 무념한 바람이었다.

다정가를 읊었던 이조년은 다정도 병인냥 잠 못 이룬다 하지 않았던가. 밤낮 없이 나를 혼란스럽게 만드는 것은 이화의 환영이었다. 식탁, 천장, 티브이 화면에도 온통 눈부신 이화가 춤을 춘다.

나주의 이화를 그리며 가까운 서생으로 차를 몰았다. 이화는 이미 지고 누렇게 시든 꽃잎들이 바람에 일렁인다. 화무십일홍이라 했던가! 아니 보았더라면 좋았을 것을…. 비바람에 화르르 쏟아진 꽃잎들이 꽃길을 만들고 나는 그 길을 빈 들처럼 지난다. 지독한 열병으로 보낸 사월은 잔인했다.

발코니에 방치되다시피 버려 둔 화초들이 향기를 토하며 꽃을 피웠다. 외도하는 주인의 사랑을 간절히 기다린 침묵의 저항인가 보다. 언제 피었는지 알 수 없는 물카라꽃이 향기를 날리며 존재를 알렸다. 흐드러지게 핀 사랑초와 몇 해 째 피지 않던 제라늄도 붉은 꽃송이를 피웠다. 함박꽃의 봉오리도 곧 터질 듯 시간을 잰다.

침묵 속에서 본연의 아름다움을 잊지 않는 화초들, 어쩌면 사람보다 낫다는 생각을 한다. 항간에 떠도는 금 수저, 흙 수저의 논리는 식물도 마찬가지리라. 절벽 벼랑 끝 바위에 홀로 서 있는 나무를 보라. 척박한 환경에도 굴하지 않는 강인한 생명력이 경이롭다.

동백꽃 보다 붉던 그 시절이 언제였던가! 청춘은 봄꽃마냥 짧은 시간 속으로 소멸되었다. 한 잔 술잔에 내 젊음의 실루엣이 음영될 때 그리움 하나씩 피어난다. 그리운 것이 어디 젊음뿐이랴. 시간도 추억도 지나간 모든 것들이 그리워지는 게 인지상정이다. 달빛에 취하고 이화에 취하는 사월도 깊어만 간다.

중국 고전에 백구과극白駒過隙이란 말이 있다. 인생이란 백마가 달리는 것을 문틈으로 내다보는 것처럼 빠르게 지나간다는 뜻이다. '마음은 아직도 청춘이다'는 노인들의 말이 지난 삶의 회한이란 것을 나이가 들어서야 알게 되었다. 어쩌면 창조주 하나님의 배려인지도 모른다. 마음까지 늙으면 너무 서러울까 봐 한 부분을 남겨주신 것일 게다. 가끔 모호한 의문이 들 때도 있지만 봄처럼 살다 가을처럼 가고 싶다는 생각을 한다.

명년 사월에는 나주에서 한 사나흘 머물고 싶다. 달빛 부서지는 은한의 벌판에서 이화에 흠뻑 취해보리라. 삼경이 지나 창밖이 희붐할 때까지 흰빛 언어로 속삭이리라. 그리움에 다시 그리움이 스미는 날, 아련한 슬픔이 포말처럼 밀려올 때, 가슴의 불잉걸이 꽃불처럼 타오를 때, 나 그대와 함께 하리라.

그 기다림의 등불에 풍경 하나 걸어둔다.

강변에서

가을 강은 늙은 노인의 등처럼 을씨년스럽다. 은빛 갈대의 서걱대는 소리만 있을 뿐 사방이 고요하다. 늘 반겨주던 작은 새와 여름내 울던 풀벌레들도 보이지 않는다.

강변 낙조대로 저녁놀 마중을 나갔다. 서쪽 하늘의 붉은 놀 속에 비친 세상은 온통 가을빛으로 물들었다. 강물에 시뻘건 불기둥이 서 있다. 뜨거움에 놀랐는지 빨래판 같던 물결에 파도가 인다. 바다에 사는 파도가 강물에도 살고 있다.

강물을 바라보면 눈물이 난다. 슬픔과 아름다움이 지나쳐서일까. 미국 서부 여행길에 콜로라도 강변 호텔에 묵었었다. 대낮같이 밝은 보름달은 나를 잠들지 못하게 했다. 달빛과 어우러진 강물은 유리구슬처럼 맑았다. 유유히 헤엄치는 수많은 물고기 떼들이 내 손길을 피하지도 않았다. 강변을 걷다보니 석

류알 같은 눈물이 뚝뚝 흘러내렸다.

강물은 언제나 두려움과 공포의 대상이었다. 갓 스물을 벗어난 오빠를 한 순간에 삼키고 낮빛하나 변함없었던 강물. 하얀 백사장에서 펼쳐졌던 진혼굿자리에 사춘기의 내가 서 있었다. 오빠를 힘껏 불러야 넋이 나온다는 친지들의 달램에도 내 입은 움직이지 않았다. 보다 못한 이모가 오빠 이름을 수 없이 불러댔다. 그것은 부름이 아닌 통곡이었다. 수 십 미터의 하얀 광목길이 만들어졌다. 그 길을 타고 오빠의 넋이 나왔다. 소복 입은 무녀는 하얀 꽃으로 장식 된 꽃대를 흔들며 오빠가 되었다. 섧게 울어대는 그녀와 우리는 한 몸이 되었다. 머리에서 발끝까지 쓸어주던 꽃대는 엄마의 아픔을 달래주는 주술사였다.

초혼은 죽은 자와 산자의 만남이다. 수많은 모래알들이 뜨거운 태양빛 반사로 강물을 유혹했다. 가슴 저미는 상황 속에서 펼쳐졌던 금강의 아름다움에 그 많은 눈물이 윤슬 속으로 사라졌다. 그 후 나는 한동안 강을 피해 다녔다.

고향집 앞에 시냇물이 하나 있다. 가끔 종이배를 띄우며 무료함을 달랬다. 금강을 지나 서해 바다를 건너 중국 어디쯤 갈거라 믿었다. 한 번 떠난 종이배는 영원히 돌아오지 않는 오빠와 닮았다.

강기슭에 쓰러질 듯 서 있는 나무는 상처투성이의 뿌리를 드러냈다. 둥치 가운데서 진액이 흐른다. 검붉은 피고름이 쌓여 흐르는 눈물인가보다. 아픔을 오롯이 품고 있는 게 어머니를 닮았다. 수많은 가지들은 바람결 따라 나들이를 떠난다. 다시 올 수 있는 아늑한 어머니 품이 있기 때문이다.

텅 빈 둥치에는 남은 게 없다. 스펀지처럼 숭숭 뚫린 구멍이 골다공증 환자를 연상케 한다. 젊음과 풍부한 수액을 모두 주고 서 있는 나무는 내 어머니였다. 여섯 아이의 양식이었던 젖가슴은 허물어진 산자락처럼 흔적만 남았다. 굵은 주름살과 이곳저곳 아프다는 소리에 나이 들면 다 그렇지 했다. 아파도 참고 모든 일에 희생하는 게 당연한 어머니라며 귀 기울이지 않았다. 어머니는 그래도 되는지 알았다.

어머니는 당신의 고통을 자식들에게 전하지 않았다. 기쁘고 좋은 일만 들려주었다. 기도문의 대부분이 자식들을 위한 것이고 마지막 기도가 당신 죽음에 대한 기도다. 자식들 힘들지 않게 잠결에 가게 해달라는 것이다. 그러고 보면 이마저도 자식들을 위한 것이고 당신은 물 위를 떠다니는 우렁이 껍데기와 같다.

나의 기도문은 언제나 남편과 아이들이 먼저였다. 당신을 위한 기도는 마지막 언저리에 보너스 주듯 주절거렸다. 사는 게 바빠 어머니를 잊고 살아도 늘 그 자리에 있어 줄 거라 믿었다. 어머니의 아픔은 세월이 가져간다는 생각을 했다. 아니 그래주길 바랬을 것이다. 뿌리째 나눠 주고도 더 못 줘 안타까워하는 나무는 내 어머니다.

떠난 자와 강물은 말이 없다. 세상 모두를 품을 줄 아는 강물의 너그러움이 보인다. 긴 꼬리의 서울행 기차가 지나고 있다. 강물도 나도 엉거주춤 동승한다. 짧은 가을해의 낙조는 강과 산야에 불을 지르고 있었다.

소리

벽에 기댄 첼로는 밀려난 뒷방 늙은이 마냥 가년스럽다. 아련한 그리움의 흔적이 시간의 조각들을 채워간다. 아들의 방을 들락거릴 때마다 작은 바람이 일었다. 오랜 시간 가뭇없는 주인을 기다리며 무대를 향한 그리움을 달랬을 것이다.

어릴 적 거침없이 활달하던 아들이 초등학교 고학년 무렵부터 너무도 달라지기 시작했다. 성격이 거스러지고 마음의 빗장을 걸어 둔 채 말문을 닫았다. 시도 때도 없이 폭발하는 분노의 행동은 모두를 힘들게 했다. 마음의 문을 열 열쇠가 필요했다.

이런저런 고심 끝에 선택한 것이 첼로였다. 인간의 목소리에 가장 가깝다는 첼로는 아들의 쉼터가 되고 사내들이 북적이는 집안에 꽃이 될 줄 알았다. 하지만 이상과 현실은 멀고도 험해 건몸 다는 건 오롯이 내 몫이었다. 음악에 대한 특별한 재능도

열정도 없던 아들에게 칭찬과 담금질로 불을 지폈다.

교수의 한 시간 레슨비는 일반 학원의 한 달 수강료였다. 활 잡는 법과 앉은 자세를 필요 이상으로 반복시키다 보니 진도는 뒷전이다. 지켜보는 내내 부아가 치밀어도 표정은 최대한 우아함을 잃지 않으려 했다. 입시생이 아닌 초등생이라 저리 늦장을 부리는 것일까. 숫자의 계산으로 머릿속은 온통 자갈 구르는 소리다.

예고에 입학하며 악기를 다시 구입했다. 중형차 한 대 값을 주고 산 독일산 올드 첼로다. 관리를 못해 들어가는 수리비도 만만치 않았다. 투자에 비해 늘 마이너스인 아들이 어느 순간 돈 먹는 하마로 보였다. 노력은 커녕 늘 천하태평인 아들을 더 이상 두고 볼 수 없었다. 내 안에 쌓인 봇물이 밀물처럼 터졌다. 아름다운 선율을 켜야 될 활이 공중을 날았다. 소리의 통로를 잃은 우리는 오랜 시간을 묵언수행으로 보냈다.

아들의 오케스트라 연주회에 지인과 함께 공연장을 찾았다. 그러나 음악이 귀에 들어오지 않았다. 혹여 실수라도 할까 봐 내가 더 긴장이 되었다. 모든 주파수를 아들에게 맞추다 보니 음악적 감동은 사치였다. 지인의 눈동자에 이슬이 맺혔다. 그녀가 내 오른손을 어루만지며 위무했다. 독하지 않으면 산도

강도 건너지 못하는 게 예술의 길이다. 모질지 못한 성격에 끈기마저 없는 아들. 이 길이 아득히 멀기만 하다.

음색이 높고 튀는 바이올린 소리를 나는 좋아하지 않는다. 목소리가 높고 가는 사람은 대체로 신경이 예민하고 까칠하다. 혹여 마음 다칠까 두려워 나는 거리를 두는 편이다. 첼로소리는 장엄하고 웅숭깊다. 억지로 기교를 부리지 않으며 부드럽고 푸근한 안정감이 있다. 어느 악기와 협주를 하여도 주연을 받쳐주는 사려 깊음이 있다. 가끔은 낮은 물안개처럼 강가를 헤매고, 가끔은 장엄하게 울려 퍼지는 그 첼로 소리가 그리운 날이다.

어느 해인가, 해인사 소리길을 걸었다. 홍류동 계곡으로 쉼 없이 낙화하는 단풍잎, 그것은 붉은 치마를 둘러 쓴 삼천궁녀의 환생이었다. 그들이 펼치는 가을의 향연은 점점 깊어가는 무한의 세계다. 석류빛처럼 붉은 가을빛이 우주를 품던 그 날, 나는 세상의 소리를 잊었다.

겨울 여인

길바닥에 엎드린 채 온 몸으로 울고 있는 중년여인이 있다. 대성통곡에 가까운 울음소리다. 자식을 잃은 통곡이 저렇지 싶다. 운주사의 와불 울음이 저럴까 싶을 정도로 깊은 울음덩어리다. 와불이 일어서면 세상이 바뀌리라고 믿은 것처럼 그녀가 벌떡 일어나길 기다렸다. 울음의 뿌리까지 다 뽑히기를 나는 오히려 기다리고 있었는지도 모른다.

오랜 결혼생활의 종지부를 찍은 그녀는 서럽고 억울했을 것이다. 분하고 허망한 마음을 세상에 울음으로 쏟아내는지 모른다. 그 쓸쓸함과 존재감은 얼마나 헛헛했을까. 그녀 삶이 소설이고 드라마일 것이다. 통곡은 펄럭이는 깃발이 되어 하늘을 찌른다.

아들은 그녀의 표상이고 희망이었다. 그런 아들이 어느 몹쓸

사건에 연루되어 구치소에 수감되었다. 재판 결과에 그녀의 모든 게 무너졌다. 그녀가 살아가는 이유는 아들의 존재였다. 그 존재인 삶의 가치를 모두 잃은 것이나 다름이 없다. 하늘도, 세상도, 그녀의 편이 되지 못했다.

처절하리만큼 큰 울음의 의미는 무엇일까. 사람들의 시선과 모멸감도 발가벗은 그녀의 울음은 겨울 나목처럼 처절하고 아프다. 부끄러움과 자존감을 던진 그녀의 처지를 감히 무엇이라 하겠는가. 애간장을 녹이는 그녀의 통곡이 내 폐부 깊숙이 찍힌다. 이리저리 밟혀 찢어진 낙엽이 공중을 돌며 바람을 탄다. 흔들리는 그녀의 삶처럼 멀리 날았다 다시 떨어지면서 소용돌이를 친다.

나는 뜻밖에 피카소의 그림 〈통곡하는 여인〉을 연상하고 있었다. 얼굴의 주름살은 세로 아니면 가로로 찢어진 울음이었다. 세모 네모 혹은 다섯모가 된 근육을 방울방울 눈물이 적시고 있었다. 그 소리는 전쟁의 비극을 말하는 듯하고 세계를 상실한 절명처럼 보였다. 여인의 울음소리를 들으면서 울음이 갖는 비애, 절망, 통탄 같은 것을 어렴풋이 느낄 수 있는 것은 뜻밖이지만 심장까지 찢는 비수 같은 것이나 다름없었다.

몇 해 전 법원 앞 대로변에서 본 그 여인의 통곡 소리를 잊을 수 없다. 강렬했던 그날의 여운은 아마도 오래도록 떠나지 못할 것이다. 따뜻한 차 한 잔 권할 용기도 없는 나의 소심함. 손잡아 토닥였더라면 자분자분 얘기를 풀지 않았을까.

주말드라마를 그다지 즐기지 않던 나는 요즘 드라마에 푹 빠져 있다. 어느 여인의 독백에 나도 모르게 젖어들었다. "세상사는 게 고독인 겨. 내 몸뚱아리 자체가 피눈물 나는 역사라고. 암만!" 그녀가 입에 달고 사는 대사가 품격과는 거리가 멀다. 포장하지 않은 바닥의 언어가 때로는 더 감동스러울 때도 있다.

누구든 다 이런저런 사연을 품에 안고 산다. 나뭇잎의 사연은 고운 단풍을 물들이고, 사람의 사연은 시와 수필이 되어 사람의 마음을 움직인다. 이런저런 사연들이 모여 인류의 역사는 탄생된다. 꽃길과 험한 벼랑길을 걷기도 하면서 생의 종지부를 찍는 것이 인생이라는 짐작을 한다.

작은 들꽃들도 사계절을 보내며 뜨거운 열기와 싸늘한 추위를 견디어 내지 않던가. 때로는 천둥과 태풍과 궂은 비바람을 맞았으리라. 유난히 무덥던 올여름의 더위는 세상을 송두리째 녹일 듯 했다. 영영 오지 않을 것 같던 가을이 벌써 떠날 채비를 한다. 밤사이 내린 무서리가 햇살을 받으며 윤슬처럼 반짝인다.

운주사 구층 석탑 옆으로 돌부처 가족상이 나란히 서 있다. 고즈넉한 평화의 모습에 두 손을 모은다. 목숨이 끊어질 듯 통곡하던 그녀도 이제는 평상심으로 돌아온 듯하다. 세월의 손은 아픈 사람의 가슴을 쓸어주지 않는가.

여백을 걷다

화사한 꽃그림의 유리그릇에 밤사이 숙성된 플레인 요구르트를 담아 꿀과 블루베리를 섞는다. 나무 숟가락을 붓 삼아 휘휘 저으면 유백색의 화선지에 블루베리 먹물이 시나브로 젖어든다. 잘 그려진 수묵화 한 점이 내 식도를 타고 어느 갤러리로 향한다.

동양화의 여백은 또 하나의 공간이다. 작가의 사상과 감정이 들어있는 무언의 세계다. 서양화의 여백은 미완성의 그림이지만 동양화는 여운과 운치를 더하고 그림을 돋보이게 한다. 하늘과 땅 사이의 공간이 비어 있는 공간이 아니다. 만물을 생동시키는 자연의 섭리가 들어있는 여백은 많은 것을 담는다.

화랑을 운영하는 지인의 집을 방문 하던 날 신선한 충격을 받았다. 큰 집이었지만 꼭 필요한 가구 외엔 모든 공간이 비어

있고 그 흔한 소파도 없었다. 넓은 거실엔 작은 카펫이 깔려있고 유명 화가의 그림 두 점이 벽에 걸려있다. 이삿짐을 풀지 않은 미완성의 집 분위기였다. 바닥에 앉아 차를 마셨다. 빈 공간에서 오히려 편안한 마음이 들었다. 화선지에 먹물 베이 듯 몸과 마음이 스르르 바닥에 붙는다.

명품으로 치장한 집에서 화려한 음식을 대접 받았다. 작은 소품과 그릇 숟가락 젓가락까지 유명제품이다. 깔끔하고 세련된 상차림은 매우 훌륭했지만 나는 맛을 느끼지 못했다. 먹는 내내 불편했고 조심스러웠다. 혹여 머리카락 한 올, 밥알 한 톨 떨어질까 긴장을 늦출 수 없었다. 보리밥에 된장을 먹어도 마음 편한 이웃이 좋다. 빈 틈 없이 꽉 찬 집이나 사람은 소통할 공간이 없다.

나는 공간을 채우기 위해서 이것저것 물건을 사 들였다. 필요 없는 가구와 소품들이 늘어도 마음의 허기는 채울 수 없었다. 내면에서 솟아오르는 화를 삭이느라 애꿎은 가구들을 이리저리 옮겼다. 그나마 젊음이 있을때다. 지금은 이도저도 아닌 눈으로 마음으로 머물 뿐이다.

해질녘 고즈넉한 산사에 붉은 석양빛이 쏟아진다. 회색빛 기와지붕과 비구승의 먹물 옷에 음영이 진다. 지나친 아름다움의 내면은 슬픔이다. 텅 빈 마당에 내 안의 모두를 풀고 담기를 반복했다. 회색빛 바랑과 작은 찻상이 있는 산방은 동양화를 닮았다. 소박한 작은 공간에서 삶의 무게를 덜었다.

가진 게 너무 많은 현대인들은 행복이 행복인줄 모른다. 넘쳐나는 물질의 풍요 속에서 마음에 상처 입은 영혼들은 늘어만 간다. 어려웠던 보릿고개와 6.25전쟁 때도 불행하다는 생각을 하지 않았다. 특별히 잘나고 잘 사는 이웃이 없었고 다 같이 가난했었다. 비교대상이 없기에 미움의 적을 만들지 않았다. 이런저런 망상을 꾸짖듯 가을벌레들이 합창을 한다. 처마 끝 풍경이 산사의 적막을 훔쳐 달아난다.

어느 암자에서였다. 주전자에서 보글보글 찻물이 끓었다. 어지러운 세상 소리마냥 요란하다. 노스님이 우전차를 찻잔에 따랐다. "또르르, 또르르르…." 찻물 소리가 고요한 산방을 가득 채웠다. 어리석은 나에게 경을 치는 영혼의 소리다. 잘 덖은 차에서 깊은 향이 나듯이 지난한 삶을 산 자들의 행복은 배가 된다. 뼛속까지 몸이 아플 때 그 영혼이 느끼는 통증은 갑절이 된다 한다.

금정산 둘레길에 너럭바위 집성촌이 있다. 수 십 개의 크고 작은 바위들이 갖가지 형상으로 누워 있다. 사랑채만한 너럭바위 두 개가 나란히 있다. 이곳에서 터를 잡은 입향조인가 보다. 사람들이 마을을 형성하듯이 바위도 가족을 이루고 마을을 만들었다. 산에 오르는 날이면 입향조 바위에 누워 멀거니 하늘을 본다. 우리는 말없이 교감을 나누며 묵언수행을 한다.

어느 날은 중년의 여인들이 떼거리로 앉아 막걸리 판이 벌어지기도 한다. 간간히 들리는 호탕한 웃음소리와 어긋난 사이시옷의 걸쭉한 욕설이 들린다. 물소리 산새소리만 들을 수 있던 바위는 사람들의 장마당이 되었다. 그들이 토해낸 슬픔과 울분을 가만히 들어야 했다. 보고 듣고 말 할 수 없는 바위들의 울화가 쌓여 화산으로 폭발하나 보다. 시뻘건 용암은 바위가 흘리는 피의 절규인지도 모른다.

내향적인 사람은 울분이 쌓이다 보면 언젠가는 폭발한다. 그 분노는 화산처럼 이글거리며 거리의 무법자로 돌변했다. 잊을 만하면 툭툭 터지는 사건들이 뉴스가 되는 무서운 세상이다. 따뜻한 세상, 아름다운 세상이 그립고 또 그리운 날이다.

푸른 나뭇잎 사이로 말간 가을 햇살이 쏟아진다. 금정산 자락의 넉넉함을 내 마음의 여백에 담는다.

그 남자

인터넷에 뜬 그 이름 석 자. 놀란 가슴이 쉬이 진정되지 않는다. 그에 대한 정보를 한달음에 찾았다. 옛 모습이 그대로인 사진을 보니 그가 틀림없다. 더 놀란 것은 그가 시인이고 아동문학가라는 것이다. 오래 전 신춘문예에 이름을 올리고 그 지역의 문인협회장을 역임했다는 기사를 읽었다. 그가 글쟁이가 된 것도 전공과 거리가 먼 직업을 가진 것도 삶이 참 아이러니하다. 남을 배려하고 사람 좋다는 글을 여러 곳에서 읽었다. 무수히 흐르는 시간 속에서 변하지 않은 그의 천성을 본다.

오래 전 유명 월간지에 나의 글이 실렸었다. 그 후 전국에서 수 백 통의 편지들이 매일 집 마당에 뿌려졌다. 그중 90%가 군사우편이었다. 활자의 저력은 상상 이상이었고 그 많은 편지들은 개봉도 못한 채 재가 되었다. 다음 호의 월간지가 출간되면

서 편지도 점점 줄었다. 계절이 지나는 가운데 평범한 일상으로 돌아왔다.

그러던 어느 날 그의 편지를 받았다. 의미 없는 무료한 시간 속에서 답장을 보낸 게 인연이 되었다. 시시콜콜한 이야기가 대전과 전라도를 넘나들며 다리를 놓았다. 얼마 후 휴가를 받은 그가 만남을 청했다. 그는 변산반도 해안을 지키는 전경이었다.

대전역 시계탑에서 만나자는 연락이 왔으나 나는 나가지 않았다. 그 시절의 연인들은 주로 역전 시계탑 아래서 첫 만남을 가졌다. 책을 든 남자와 장미 한 송이를 든 여자는 대부분 첫 만남을 뜻한다. 늘어지게 오수를 즐기고 있을 때 그가 집으로 찾아왔다. 당황해하는 나와 다르게 그는 당당했다. 주소만 있으면 세상 어디라도 찾아간다는 그가 멋쩍은 웃음을 짓는다.

집 앞 찻집에서 차 한 잔을 했다. 곧 전주 집으로 간다던 그가 터미널까지의 동행을 원했다. 전주행 고속버스가 미리 대기하고 있었다. 승객들도 하나 둘 버스에 오르기 시작했다. 출발시간이 가까워지는데 그는 미동도 하지 않은 채 회심의 미소를 짓고 있다. 나의 재촉에도 아랑곳하지 않는 그의 여유로움을 이해할 수 없었다.

막 버스가 출발할 때였다. 그가 나의 손목을 솔개처럼 낚아 버스 안으로 밀었다. 순식간에 벌어진 일이었기에 어떤 행동이나 소리를 지를 수도 없었다. 승차권 두 장을 미리 준비했던 그와 어쩔 수 없는 동행을 했다. 그렇지만 두렵거나 불안하지는 않았다. 소박하고 선한 사람이라는 것을 편지에서 느꼈기 때문이다.

전주에서 완주행 시외버스를 타고 어느 시골 마을 입구에서 내렸다. 한적한 저수지를 걸으며 그가 집안 얘기를 자분자분 들려줬다. 이곳에서 조카를 잃었다며 긴 한숨을 토했다. 저수지를 휘돌아 마을의 낯선 집으로 들어갔다. 마당 넓은 집에는 깊은 우물이 있었다. 전설 속의 동화가 금방이라도 쏟아질 것 같은 독특한 분위기다.

순박하고 겸손해 보이는 중년의 부부가 살갑게 반겨주었다. 큰형님과 형수님이라며 그가 소개를 했고 그분들은 낯선 나에게 극진했다. 사람과 집도 같은 풍경으로 닮아 편안하다. 늦은 점심 무렵이었는지 소박하고 정갈한 밥상이 마루에 차려지고 그와 겸상을 했다.

많은 형님들을 두고 하필이면 농부 형님을 소개한 것도, 고풍스런 전주를 벗어난 것도 이해할 수 없었다. 더구나 저수지에서 조카의 죽음을 얘기하는 것 또한 처음 만나는 여자 친구에게 할 이야기는 아니지 않은가. 아픈 부분을 먼저 드러낸 것도 그 만의 용기였을까.

그 해 팔월에 절친 J와 여름휴가를 떠났다. 그가 있는 바다로 가자는 J의 의견에 따르기로 했다. 대중가요의 주인공 마냥 대전 발 0시 50분 목포행 완행열차에 몸을 실었다. 새벽녘 정읍에서 내린 우리는 고창행 시외버스를 탔다. 고창에서 다시 버스를 갈아타며 도착한 곳이 구시포 해수욕장이다.

우리가 상상하던 바다는 이런 게 아니었다. 출렁이는 푸른 파도와 백사장은 그 어디에도 없었다. 비릿한 냄새와 축축한 바람, 황톳빛 바다와 검붉은 해변이 우리를 맞았다. 질척이는 해변에서 촌스런 아이들과 아낙들이 여름을 즐기고 있었다.

실망스런 풍경과 무더운 날씨 탓이었는지 J가 투덜댔다. 해수욕장 이름조차 마음에 들지 않는단다. 한참을 걷다 보니 그가 있는 초소가 보였다. 갑작스런 우리의 방문에 그는 무척 당황해하며 어찌할 바를 몰랐다. 나 역시 달라진 그의 얼굴에 당혹감을 감출 수 없었다.

아폴로 눈병에 걸린 그의 눈이 퉁퉁 부어 올라 토끼 눈처럼 빨갰다. 작은 눈이 더 작아지고 눈곱까지 보이는 게 영 아니었다. 가끔씩 튀어나오던 전라도 사투리가 왜 그리 무작하게 들리는지, 바닷바람 탓인지 유난히 검은 피부가 그를 더 가녀스럽게 만들었다.

돌아오는 기차에서 J가 무조건 헤어지라고 했다. 진실하고 선한 사람인 것 같지만 실망스럽다는 말에는 모든 것이 끝이라는 의미다. 그럼에도 다시 만난다면 나와 절교를 하겠다며 엄포를 놓았다. 돌아오는 내내 우리는 머슬머슬한 사이가 되어 몸도 마음도 거북했다.

돌아온 직 후 그에게 결별의 편지를 보냈다. 그가 많이 힘들어 하며 상심이 크다는 소식을 그의 동료들이 전해 왔다. 건몸달던 그와 다르게 나는 또 다른 삶의 즐거움에 빠져 있었다. 후임과 선임이 교대로 보내는 회유의 편지도 돌아선 내 마음을 어쩌지 못했다. 그들의 부탁을 야멸차게 거절하며 거드럭거리는 나에게 누군가 그랬다. '사람 마음 아프게 하면 벌 받는다'고. 가뭇없는 세월 속에서 모든 것을 까마득히 잊고 있었다.

아들이 전경으로 있을 때다. 어쩌다 잠이 든 아들의 등을 보게 되었다. 검푸른 멍 자국이 선명했다. 한미 FTA 반대 운동이 전국을 휩쓸었을 때다. 성난 농민들은 죽창을 들고 거리로 나왔다. 아들은 그들에게 밟혀 정신을 잃었고 동료들이 자신을 끌어내는 바람에 크게 다치지 않았다고 했다. 시위대 선두 그룹들은 대부분 술의 힘을 빌리다 보니 더 과격하고 이성을 잃는다고 한다. 술을 병 채로 마시는 그들을 보면 두려운 마음이 먼저 들었다는 아들의 말이 떠올랐다.

아들의 상처를 보고 생각난 게 그였다. 사계절 바다를 지키며 외롭고 힘든 일은 얼마나 많았을까. 유배지나 다름없었을 그곳에서 편지는 보약보다 더 큰 힘이었으리라. 누군가 나에게 했던 그 말이 꼬리를 물며 나를 괴롭혔다. 아들의 군복무가 끝날 때까지 긴장의 끈을 놓을 수 없었다.

삼월이다. 통도사 솔 숲길을 거닐며 달뜬 마음을 나부시 누른다. 대웅전 뜰에는 벌써 봄이 한창이다. 홍매화의 농익은 자태에 상춘객도 덩달아 벙그는 계절이다. 서운암 장독대의 수런거림에 장이 익어가고 봄도 익어간다. 봄바람이 꽃가지를 흔들며 분탕질을 한다. 봄볕에 마냥 취해 영축산 벅수라도 되고 싶은 날이다.

제2부

경마장

부산 경마 공원은 사방이 낮은 산자락을 병풍삼아 품고 있다. 산 능선 사이로 내려앉은 안개는 꽃이 되었다. 38만평의 광활한 대지는 훌륭한 레저 타운이다. 모든 시설이 무료로 운영되고 먹을거리는 실비 정도를 받는다. 주말엔 장마당이 펼쳐지고 식품과 토산품 등을 팔기도 한다.

차량과 인파들로 붐비는 이곳은 시골학교 운동회를 연상케 한다. 보슬비가 굵은 빗방울로 변했다. 엄마 손 잡고 첫 나들이 하는 어린이처럼 모든 풍경이 낯설고 생경스럽다. 영상을 통해서 말을 타 보는 승마 시뮬레이션관, 직접 체험하는 포니랜드, 어린이는 더비랜드서 즐길 수 있다. 호스토리랜드는 아시아 존, 유럽 존, 미주 존, 말 체험 전시관으로 이루어져 있다. 다양한 나라에서 말과 함께 생활한 역사와 환경을 한 눈에 볼 수 있는 공간이다.

4층 관람관 건물은 식당, 갤러리, 북 카페, 편의점 등이 갖춰져 있다. 남녀노소 없이 많은 사람들이 북새통을 이뤘다. 아이들은 돗자리를 깔고 앉아 도시락을 먹다 잠이 들기도 했다. 젊은 연인들, 허름한 노동자, 나이 지긋한 어르신, 평범한 직장인, 다양한 연령대의 사람들이 두루 모였다.

예상 문제집에 코를 박고 매진하는 진풍경들이 여기저기 사방에서 펼쳐졌다. 운전면허 시험장에 온 것 같은 착각이 든다. 순간의 허영심에 빠진 사람들이 구름처럼 몰려들었다. 수많은 무리들이 아지랑이 되어 난무를 한다.

사방의 대형 스크린에서 경마에 대한 소식들이 줄줄이 쏟아지고, 사람들의 눈동자가 분주하게 돌아간다. 질퍽한 운동장을 트랙터가 써레질을 하고 있다. 예전에 농부들은 논바닥을 고르고 한 해 농사를 기원하면서 암소를 몰았을 것이다. 세월은 사람과 세상을 변화 시켰다.

마권을 사기 위해 창구마다 긴 줄의 행렬이 늘어섰다. 명절 기차표 예매하는 모습마냥 목이 길어진다. 전광판과 문제집을 보며 마권에 마킹을 하는 자들은 입시생처럼 초조한 빛이다. 윤기가 흐르는 다갈색의 피부와 미끈하게 쭉 빠진 긴 다리의 말들이 기수와 함께 등장했다.

경기장으로 향하는 말의 표정도 각기 다르다. 머리를 바닥에 응시한 채 터벅터벅 나가는 말, 기선잡기라도 하려는지 어느 말은 머리를 흔들며 빠른 속도로 뛰어 나갔다. 권투나 씨름, 유도를 하는 선수들이 시합 전 눈싸움부터 한다고 들었다.

육상에도 단거리, 중거리, 장거리가 있듯 경마도 그랬다. 열네 마리의 말들이 총알처럼 달려 나가며 박차를 가했다. 말과 기수는 한 몸이 되어 질풍처럼 달린다. 마치 관우의 적토마가 환생한 것처럼 굉장한 속도다. 경기장은 관객들의 함성과 웅성거림으로 가득하다. 베팅한 마권을 흔들며 응원하는 사람들, 실황 중계하는 아나운서의 말도 뛰는 말처럼 속사포다. 특수한 혀를 가졌는지 나는 좀 체 알아들을 수 없는 빠르기다. 결승점에 들어선 순간 환호와 탄식이 경기장을 가득 메웠다.

운동선수들이 부상을 달고 살듯이 말과 기수도 마찬가지다. 부상을 두려워하면 좋은 성적을 낼 수 없다. 고통 없는 영광은 없다. 경주가 끝난 말은 한 달의 휴식이 주어진다. 엄청난 스트레스를 풀고 영양을 보충하는 시간이다. 또 다시 뛰어야 사는 그들의 운명이기도하다.

어릴 적 보았던 하늘은 꿈의 낙원처럼 아름다웠다. 갖가지 모양의 구름이 일다가 순식간에 사라졌다. 일확천금을 누리려는 자들을 두고 뜬구름 잡는다고 한다. 욕심은 불행을 부르고 불행은 결국 파경을 부른다. 재물 복이 있어도 누릴 복이 없다면 그 또한 고통이고 아픔이다. 소유가 내 존재를 풍요롭게 할 때 진정한 행복일 것이다.

어느 기관에서 로또 당첨자들을 추적해서 통계를 냈다. 불행과 파멸의 결말로 끝난 사람이 87%를 넘는다고 한다. 노력 없이 번 돈은 쉽게 사라진다. 돈만 잃는 게 아니라 가족과 건강은 물론 목숨까지 잃기도 한다. "돈은 혼자오지 않고 어두운 그림자를 데려오고 횡재를 만나면 횡액을 당한다"고 법정 스님이 말했다. 인간의 탐욕은 끝이 없어 아무리 많이 가져도 만족할 줄 모른다. 부자가 되는 것 보다 잘 사는 법부터 가르치고 배워야 되지 않겠는가.

도박은 중독이다. 즐기는 본인은 가족의 고통을 알지 못한다. 결국 가정을 잃고 때늦은 후회를 하게 된다. 과하면 모자람만 못하다는 말처럼 적당히 즐기면 삶의 윤활유가 될 것이다.

경기가 끝난 경마장의 풍경은 삭막한 겨울처럼 을씨년스럽다. 차량과 사람들이 썰물처럼 빠졌다. 그 빈자리의 외로운 공간을 버려진 휴지조각들이 채웠다.

DNA를 찾아

공원 벤치에서 중년의 남자가 햇볕을 쬐고 있다. 그 남자의 품에 안긴 프렌치 불독이 부리부리한 눈알을 번뜩이며 주위를 살핀다. 두 얼굴의 생김새와 표정이 어찌 그리 닮았을까! 오래 산 부부가 오누이처럼 닮아 가듯 동물도 그런 것인지도 모른다. 주인과 애견의 얼굴을 비교 조사한 프로가 있었다. 기이할 정도로 닮아 누가 누굴 닮아 가는지 아리송했다. 주인의 성격에 따라 기르는 동물의 성격도 주인을 닮는다 한다.

각자 다른 성향과 얼굴을 가진 형제들이 나이 들면서 부모를 닮아간다. 체형과 얼굴은 물론 걸음걸이와 목소리도 같아진다. 서양인은 동양인에게, 동양인은 서양인에게 서로 같은 말을 한다. 너희는 생김새가 비슷해 구별이 안 된다고. 누군가를 닮았다는 것은 그 대상이 누구냐에 따라 기분 좋은 말이 되기도 하고 언짢은 결례가 되기도 한다.

흉보면서 닮아간다 했던가. 어머니처럼 살지 않겠다던 딸, 아버지처럼 살지 않겠다던 아들이 어느덧 그 아버지와 어머니의 모습으로 삶을 살아간다. 평생을 종중 일에 매진하셨던 아버지를 이해할 수 없었다. 이익은 고사하고 이런저런 불편한 말들이 많은 게 종중일이다. 아버지께서는 선조들에 대한 이야기를 자주 들려주셨으나 귀 담아 듣지 않았다. 가정보다도 종중일이 우선이셨던 아버지를 좋아하지 않았다. 나의 반감이 무관심의 표출이었을 게다.

아이러니하게도 요즘 나의 관심사는 우리 가문에 대한 공부다. 훌륭하신 선조들의 족적이 내 삶의 위안이 되고 등불이 된다. 명문가는 하루 아침에 만들어지는 게 아니다. 오랜 세월 끝에 얻은 선조와 후손의 결합이다. 어느 가문은 선조의 명성 덕으로 부를 누리기도 한다. 이름난 명문가들은 각기 독특한 신념과 원칙이 수 백 년을 잇는 전통을 만들었다.

어느 사학자가 뽑은 조선의 명문가 중 우리 가문이 상위권에 올라 있는 기사를 보았다. 대부분의 명문가는 왕실과 외척의 힘으로 얻게 되었지만, 우리 가문은 그와 다른 자력의 힘으로 이루었기에 더 높이 평가하고 싶다고 했다. 이 한 줄의 글이 오래도록 내 마음의 울림이 되어 가문에 대한 관심을 갖게 되었다.

인터넷 카페를 통해 만든 조상문화유적지를 탐방하는 정기모임이 있다. 연령과 직업, 항렬과 종교, 지역을 초월한 일가들이다. 선조들의 족적을 찾아 전국의 고을을 넘나들며 많은 것을 알아가는 과정은 또 하나의 행복이다. 끈끈한 인연의 관계 속에서 우리의 DNA를 발견한다. 족보는 피의 기록이며 혈연의 역사라고 하지 않던가.

알렉스 헤일리의 소설 〈뿌리〉는 많은 이들의 가슴을 울렸다. 아프리카 소년 쿤타킨테는 서부 아프리카의 작은 마을에서 태어나 17세 때 미국 상선에 납치되어 고난의 삶이 연속된다. 4세대에 걸쳐 펼쳐지는 파란만장한 그들의 삶은 처절했다.

쿤타킨테는 아버지로부터 만딩카족 용사의 자존심을 이어받은 불굴의 사나이다. 갖은 고난을 겪으며 조상의 역사를 계속 전하던 그는 끝내 해방을 쟁취한다. 7대조의 조상을 찾아 본향으로 향하는 감동의 인간승리 역사다.

우리의 조상문화유적답사 근원도 결국은 뿌리 찾기다. 까마득히 먼 선조들의 발자취를 기리고 흠향하며 온고지신溫故知新으로 나아간다. 다 함께 평화를 뜻하는 우리의 아름다운 만남이 세상의 빛이 되기를 소망한다. 내 안에 꿈틀대는 DNA는 또 다른 피의 흐름으로 부지런히 과거와 현실을 넘나들 것이다.

그 여름날에

일천구백칠십칠 년 칠 월 칠 일 일곱 시에 그 분에게 편지를 썼다. 행운의 숫자 칠이 다섯이나 되는 의미를 부여하고 싶어서다. 그 분과 나는 일주일에 한 두 번 서신을 주고받았다. 수려한 흘림체의 봉함엽서는 나의 학교로, 나의 졸필 서신은 중학동 일백칠십삼 다시 일 번지로 오고갔다.

이양에게로 시작되는 서두와 학교생활, 인문학 이야기는 늘 한결같았다. 그 분의 늦둥이 아들이 나와 같은 나이라는 것도 그때 알았다. 가끔 들려주던 가족 이야기에서 그 시대의 어른과 다름을 느꼈다. 가족들의 개성과 종교를 존중해 주는 그 분과 유교적인 우리 아버지와는 하늘의 별처럼 멀었다.

k사범대 교수였던 그 분은 시조시인이며 국문학자다. 나의 모교를 비롯한 인근의 여러 학교 교가의 작사자이기도 하다.

그 분의 제자들이 곧 나의 스승이었으니 인연의 고리는 나뭇가지와도 같은 것이다. 무식이 용감하다고 그 분의 저서에 대한 평을 보냈다. 문학의 문자도 모르던 열여덟 살 소녀는 겁 없이 일갈했다. 생각지 못한 답신이 왔다. "이양은 평론에 자질이 있어요. 유명 평론가의 평에 거의 일치할 정도의 글을 보고 나도 놀랐어요. 명년에는 꼭 우리 대학 국문과로 오기 바랍니다."

그 해 여름방학에 그 분의 초대를 받았다. 학교 교정에서 서너 번 뵌 적은 있으나 학교 밖 만남은 처음이었다. 늘 함께 동행하던 시인 스님의 부재가 무엇보다 편안했다. 나를 소녀라 불러주던 시인 스님은 이런저런 인연의 다리를 엮어 문인들을 소개했다. 산문 밖에서 스님과의 동행은 소심한 나를 더 움츠려들게 했다. 한참 예민한 여고생에게 타인의 이목을 불러오는 법복이 부끄러운 존재였으리라.

전화선을 통한 그분의 목소리를 처음 듣던 날이다. 동그란 원 안의 숫자에 손가락 끝으로 돌리던 다이얼식 전화다. 칠십년대의 시골은 이장 댁 외엔 전화가 없던 시절이다. 행여 그 분의 목소리를 잘 듣지 못할까 온몸의 촉을 청각에 모았다. 쿵쿵 뛰는 나의 심장소리가 커질수록 더 불안했다. 시골스럽지 않으려고 애를 쓰던 멀어진 그 시간이 때로는 그립다.

학생이 다방에 가는 것은 상상도 못하던 때다. 그것도 버젓이 교복차림으로 말이다. 빵집 출입을 해도 정학을 받던 시절인지라 다방은 바로 퇴학감이다. 그 날 처음 쌍화차와 커피를 마셨다. 직사각형의 긴 유리어항을 사이에 두고 젊은 레지가 앉았다. 선홍빛 금붕어가 꼬리를 흔들며 유영을 한다. 붉은 입술의 레지도 금붕어처럼 엉덩이를 흔들었다. 다방은 그렇게 흔들리는 곳인가 보다. 담배연기와 찻잔, 손님들의 눈동자도 묘한 흔들림이다. 생경했던 그 날의 풍경을 가끔씩 들추어 본다.

박물관과 무령왕릉, 공산성, 곰나루를 다니는 동안 나는 그 분의 그림자만 따랐다. 그 지역의 대학에서 수 십 년 근무한지라 두어 발 마다 제자와 지인들을 만났다. 그 분의 손수건이 물속에서 갓 나온 것처럼 흥건히 젖었다. 팔월의 더위 때문이었을까. 건장한 몸과 수려한 외모, 교수라는 신분이 나를 더 조신하게 만들었다.

처음 먹는 냉면이 나를 얼마나 곤혹스럽게 했던가. 고무줄처럼 질기고 긴 면발이 끝없이 이어지는데 치아도 무용지물이다. 맛은 고사하고 끊어지지 않는 면발에 식은땀이 온몸을 적셨다. 가곡 냉면의 가사가 자꾸 생각났다. 가사의 주인공 촌사람은 내가 아니던가. 그렇게 멀어졌던 냉면을 아이를 가지며 다시 찾게 되었다. 입덧은 한겨울에도 냉면을 찾게 만들었다.

그 해 봄 나를 찾아온 그 분의 표정을 잊을 수 없다. 원서 마감 전까지 수시로 나의 이름을 확인했다며 무슨 연유인지 세세히 물으셨다. 명년 대입을 보기로 약속했지만 지키지 못한 나는 그 후 모든 연락을 끊었다. 어긋난 자존감이 넘치던 시절이다. 한때 관심과 사랑을 주셨던 그 분은 이미 고인이 된지 오래다.

k시 종합운동장 그 분의 시비 앞에 우두커니 섰다. 「백제의 여운」이란 시를 곰 두 마리가 받치는 형상이다. 해학적인 곰의 얼굴이 그 분을 닮은 듯 정겹다. 각별했던 고향 사랑은 영원한 터줏대감이 되었나 보다.

중학동 일백칠십삼 다시 일 번지엔 작은 텃밭과 집이 예전 그대로다. 이제는 그 분의 외동아들이 살고 있다. 금방이라도 그 분이 성큼성큼 걸어 나와 반길 것만 같다. 천상 선비였던 생전의 모습에 아릿한 그리움이 스민다.

그 날의 첫 의미는 팔월의 염천만큼 뜨거웠다. 새로운 문명을 처음 접한 그 날의 소소한 것들이 첫사랑 같은 존재다. 오래도록 잊히지 않는 게 어디 첫사랑뿐일까. 세월이 지나도 나이를 먹지 않는 게 추억이다. 가뭇없는 세월에 여고생 이야은 그

때 그 분의 나이가 되었다. 싱그럽던 그 여름날의 젊음이 시간의 두께만큼 쌓여간다. 금강 어느 모퉁이에 그리움 담은 등 하나 걸고 싶다.

'이양!' 그 분의 음성이 나직하게 들려온다.

뒷기미 나루

실비 같은 것이 가끔 떨어지는 날씨다.

나들이에 혹 차질이 생길까봐 거듭 하늘을 본다. 소풍가는 아이마냥 조금은 들뜬 마음으로 길을 나선다. 호포, 물금, 원동을 지나 삼랑진 뒷기미 나루에 가는 길이다. 낙동강을 끼고 도는 굽은 길 사이로 초록 커튼이 포근하다. 사계절이 아름다운 길이다.

"농익은 감이 제 무게 이기지 못해 철퍼덕 맨땅에 떨어져 산산이 흩어지는 곳, 초로의 적막이 물푸레나무 회초리로 자신의 종아리를 후려치는 그곳이 물금이다"고 시인 최서림은 말했다. 시간이 흐르면 물이 금이 된다 해서 물금이라는 말도 있다. 그 말이 맞는 것처럼 조그만 시골 마을이 신도시가 되었다.

어느덧 차는 최치원이 머물렀다는 임경대와, 가야진사, 용화사를 지나 원동으로 들어섰다. 이곳은 내포천을 비롯한 지류들이 합류하는 곳이다. 토곡산의 염수봉과 향로봉이 마을을 포근히 감싸 안고 있다. 요산 김정한의 소설 수라도의 배경이 된 화제리는 요산의 처가妻家이기도 하다.

차창 밖으로 보이는 풍광에 젖다보니 궂은 날씨는 5월의 싱그러운 햇살에 밀려갔다. 초록물이 뚝뚝 떨어질 것 같은 푸르른 나뭇잎에 물방울이 일렁인다. 화가 김창렬이 숱하게 그렸던 살아있는 그 물방울이다.

눈 호사를 누리며 이런저런 감상에 빠진 사이 삼랑진 하양마을이다. 낙동강 아래쪽 강폭이 넓은 바다와 같다 해서 하양이라던가. 봉주사 아래 그림 같은 하얀 집이 보였다. 우리를 초대해준 K교수댁이다. 크지도 작지도 않은 마당에는 봄꽃들이 안주인의 미소를 닮아 벙긋거린다. 뒤란 매화가지가 찢어질듯 많은 열매를 맺었다. 각종 채소들의 싱그러운 빛이 바지런한 주인의 향기를 알린다.

꽃잔디가 곱게 깔린 마당에 시와 수필을 그렸다. 복사빛 얼굴 너머로 햇살이 지난다. 낙동강 본류에 밀양강이 합류한다는 뒷기미 나루로 향했다. 뒷기미란 뒤쪽 개울에 있는 산이란 뜻이다. 예전에는 오우진 나루터로 불리기도 했다고 한다. 좁은 길을 지나 나루터 횟집이 나왔다. 주위 경관을 보느라 눈이 바쁘다. 예전에 낙동강 철교 아래의 강가에는 선창이 있었다. 그 안쪽에는 객줏집과 여관, 난전 등이 즐비하여 시장을 이루었던 곳이다. 속칭 지점거리 각거리라 부르기도 한다.

강 건너 보이는 곳이 김해 생림이다. 삼랑진은 세 갈래의 강물이 부딪쳐서 물결이 크게 일렁인다는 뜻이다. 수운의 요충지로 소금배도 자주 쉬어 갔다는 이곳 나루터는 요산 김정한의 「뒷기미 나루터」란 소설의 무대가 되었던 곳이다. "강물에 반사된 저녁 햇빛이 가끔 차 안에까지 비쳐왔다. 강 건너 먼 산 위에서는 이런 것과는 관계없이 해님이 뉘엿뉘엿 졸고만 있었다" 했던 그 강물에 물막이 공사가 한창이다. 500km가 넘는 긴 강줄기를 높은 크레인이 괴물처럼 막았다. 인간의 욕심은 어디까지일까.

「뒷산 소나무에 목을 맨 박 노인은 커다랗게 열린 채 뒤집어진 눈이 나루터 쪽을 무섭게 내려다보고 있었다.」는 소설 속의 인물 박 노인의 모습이 오버랩 된다. 박 노인이 죽던 날도 물빛만은 여느 때와 다름없이 검푸르기만 했다더니 오늘의 물빛도 변함없이 유유히 흐른다.

삼랑진과 부산에 이르는 이 길은 요산의 문학적 공간이 되었다. 모래톱 이야기, 산서동 뒷이야기, 뒷기미 나루, 수라도의 무대가 이곳에서 펼쳐졌다.

보리가 누렇게 익어갈 즈음 가장 맛있다는 웅어회를 먹었다. 웅어는 바다에서 자라 산란기 때 강으로 거슬러 오는데 그 때가 지금이라 한다. 처음 맛을 본 웅어의 고소한 맛이 입안에서 부드럽게 퍼졌다. 혀끝으로 밀려오는 바다와 강이 온몸을 적신다.

날이 기울자 문우들의 발길이 바빠져 일몰을 보지 못한 채 돌아서야만 했다. 봉주사와 오우정은 다음 기회를 엿보기로 한다. 수필과 시를 낭독한 뒷기미 나루, 오월의 문향에 담금질하며 빗금을 친다.

등신불

시험 감독관으로 학생과J선생이 오셨다. 분단별로 시험지가 나누어질 때였다. J선생의 매서운 눈길이 친구 C에게 멎었다. “야! 인마야, 목도리 벗어! 건방진 새끼….” 선생의 호통소리와 커다란 눈이 이글거렸다. 그는 시내에 있는 타 학교에서도 저승사자로 불리던 선생이다.

고교 졸업시험이 있던 그날의 추위는 혹독했다. 추위를 막아 줄 난방시설도 없었고 얇은 교복이 전부였던 시절이다. 수업시간에 목도리나 코트는 당연히 벗어야했다. 가끔 허락하는 선생이 어쩌다 있었지만 지극히 드문 일이었다.

놀란 우리들은 불안과 초조감으로 떨고 있었다. 교실 안은 숨소리조차 들리지 않았다. 고함치는 선생 앞에서 그녀는 어떤 말이나 행동을 취하지도 않았다. 목석처럼 굳은 그녀는 초점 잃은 등신불 같았다. 선생은 C의 팔을 움켜쥔 채 목도리를 풀어 헤쳤다. 그리고 함지박만한 손바닥으로 뺨을 세차게 갈겼다. 그녀의 하얀 목덜미에 검붉은 상처가 보였다. 시험지가 찢겨진 채 교무실로 끌려간 C를 보며 여러 친구들이 공포에 떨었다.

다음날부터 C는 교실이 아닌 교무실에서 온종일 시간을 보냈다. 나를 비롯한 몇몇의 친구들이 살얼음판을 걷고 있었다. 나의 펜팔 친구였던 K는 우리 집이 아닌 C의 집으로 편지를 보냈었다. 이튿날 C는 그 편지를 학교로 가져와 나와 함께 읽었다. 본의 아니게 편지 배달부가 된 C와 비밀스런 시간들이 그렇게 흘러갔다. 오빠들이 많은 C의 집안은 대체로 자유로운 분위기였다. 나와 모든 것을 공유했던 C가 그냥 있지 않을 것 같았다. 엮인 굴비마냥 줄줄이 불려가는 환영에 사로 잡혀 잠을 이룰 수 없었다. 그때는 빵집 출입을 해도 징계를 받던 시절이다.

며칠 후 학교 게시판에 공고문이 붙었다. C에겐 퇴학을, L은 B여고로 전학을 보낸다는 내용이다. 졸업을 며칠 앞두고 벌어진 결과라 참으로 당혹스러웠다. 학생에게 퇴학이란 조치는 지극히 불명예스런 형벌이다.

그들은 광주 여행길에서 성폭행을 당했다고 한다. 위로하고 보듬어줄 피해자를 학교는 범법자로 만들었다. 그녀에게 새겨진 주홍 글씨는 참으로 가혹했다. 나의 대나무 숲이었던 C의 소식은 그 후 어디서도 들을 수 없었다.

신라 성덕왕의 첫째 왕자 교각스님은 구화사의 등신불이 되었다. 24세에 바다를 건너 당나라 구화산에서 수행하다 99세에 열반했다. 수행 중인 그에게 물었다. 고향 신라엔 언제 돌아갑니까? 1300년 후에 간다던 그는 지장보살의 화신이 되었다. 교각 스님의 등신불은 후손에게만 친견이 가능하다고 한다. 천삼백년 후에 돌아온다는 교각스님이 돌아왔다. 1997년 불국사 대웅전 뒤 무설당에 오신 지장보살이다. 교각스님의 예언대로 구화사에서 보내온 것이다.

지난 여름에 여고 동창들을 통해 친구 C의 소식을 들었다. 그때 문득 교각스님의 등신불이 생각났다. 그녀를 보고 싶다는 내 말에 친구들이 곧장 앞장을 섰다. 살아오며 늘 빚진 기분을 지울 수 없었다. B대학의 언저리에 그녀의 칼국수 가게가 있었다. 슬며시 유리문을 밀었다. 점심시간이 지나서인지 텅 빈 홀은 그녀만의 차지였다. 깍두기를 버무리던 그녀가 돌아봤다.

명랑하고 쾌활하던 그녀는 얌전하고 조신했으며 말씨 또한 나긋나긋했다. 아들만 둘이라는 그녀의 얼굴이 환하다. 아이들 교육을 잘 시켰다며 동행한 친구들이 추켜세웠다. 그랬다. 그녀의 두 아들은 모두가 부러워하는 최고의 대학에 다니고 있었다. 잘 커준 아이들은 그녀의 영원한 치료사다. 햇살 같은 그녀의 미소가 거룩하다.

보글보글 끓는 칼국수에 내 안의 등신불도 뜨겁게 녹아내린다.

말馬

나의 상징성은 고귀함과 부귀를 나타낸다. 입신양명을 기원하는 양반집 자제들에게 나의 그림은 큰 선물이 되었다. 영험한 부적처럼 든든한 믿음을 심어 줬나 보다. 조선시대 인물화가의 대가 윤두서의 준마도는 그 분의 자화상 만큼이나 유명하다. 고대 동양과 서양에서는 기사나 귀족, 특권 지배층의 높은 분들이 나를 이용해 신분을 나타냈다. 특히 무인들은 나를 애마라 부르며 활과 칼, 여인을 사호四好라 했다.

조선시대 마패는 요즘의 교통카드다. 중앙정부에서 지방으로 파견된 관리나 왕족들은 마패를 제시하고 나를 갈아탔다. 기록에는 왕이 십 마패, 영의정은 칠 마패나 오 마패, 암행어사는 이 마패나 삼 마패였다. 그 유명한 어사 박문수는 오 마패를 가졌다 한다.

지방 탐관오리를 일벌백계로 다스렸던 암행어사들. 역졸들이 마패를 보이며 "암행어사 출도요!" 외치는 순간 혼비백산 달아나던 아전과 관리들을 보면 참으로 통쾌했었다. 마패를 훔치거나 복제하다 적발되면 극형에 가까운 벌을 받았다. 요즘은 무임승차하다 걸리면 운임의 30배 벌금이다. 벌로 따지면 옛날이 지금보다 훨씬 무겁다는 것을 알 수 있다. 예나 지금이나 죄인들은 끊임없이 생겨나니 시대와 관계없는 세상의 흐름인가 보다.

종묘나 궐문, 사찰 앞에서 하마비下馬碑를 종종 보게 된다. 신분과 계급에 관계없이 말에서 내려 걸으라는 뜻이다. 주인이 하마비 안으로 들어가면 나와 하인들은 밖에서 기다려야 한다. 그곳에는 같은 무리들이 삼삼오오 모여 이런저런 얘기들을 한다. 세상 돌아가는 얘기나 주인의 인사이동이나 진급 등이 빠질 수 없다. 이렇게 오고가는 얘기를 사람들은 하마평下馬評이라 한다.

나는 50~60kg에 태어나 생후 한 달 까지는 일주일에 10kg의 몸무게가 늘고 여섯 살이 되면 성장이 멈추게 된다. 성년이 되면 보통 500kg의 몸무게가 되며, 봄에 임신을 하면 다음해 봄에 분만을 하게 된다. 임신 기간이 상당히 긴 편이라 덕분에 귀한 대접을 받았다. 조선시대에는 노비 둘 셋의 몸값을 하기도 했다.

사람들은 나를 통하여 신분을 과시하기도 했다. 상어가죽으로 만든 안장은 최고의 사치였다. 정삼품 당상관 이상 사용하라는 규정이 경국대전에 적혀 있다. 그만큼 사치가 성행했기 때문일 것이다. 명품으로 치장하는 현대인들의 허세와 닮지 않았는가. 세월의 흐름에도 사람들의 물욕은 끝이 없다.

나의 튀어 나온 눈은 넓은 시야를 볼 수 있다. 전방과 후방, 측방이 동시에 다 보이므로 약 350도가 된다. 초원에서 풀을 뜯으며 포식동물에 잡혀 먹힐까 늘 긴장과 경계를 해야 되기 때문이다. 하루 열다섯 시간을 목초지를 배회하며 풀을 뜯는다. 소나 염소처럼 한꺼번에 먹고 되새김질 하면 얼마나 좋겠는가. 난 담즙이 나오지 않아 쓸개가 없기 때문이다. 그러다 보니 주변의 작은 변화에도 민감하게 반응을 한다.

불안한 사람들이 숙면을 취하지 못하고 불면증을 앓듯이 나도 그런 것 같다. 선 자세로 두 시간 정도 졸다 깊은 밤이 되서야 사오십 분 숙면에 든다. 그때는 누워서 자는데 사람들은 서서 잔다, 누워서 잔다 말들이 많은데 둘 다 맞는 말이다.

사람의 열 배 큰 덩치를 가졌음에도 뇌는 630g. 사람의 뇌에 비하면 반 밖에 되지 않는다. 이런 나에게 머리 나쁜 짐승이라고 손가락질을 하기도 했다. 그렇지만 영리하지 않아도 탁월한 귀가성을 가지고 있다. 화랑 김유신이 기생 천관녀에 빠져 있을 때 어머니의 간곡한 질책으로 마음을 돌렸다. 어느 날 만취해 잠이 들었다 깨어보니 천관녀의 집 앞이었다. 유신은 가차 없이 내 목을 베었다.

눈동자를 심하게 굴리거나 흰자위가 많이 보이고 눈이 돌아가면 몹시 흥분했다는 것이다. 본시 겁이 많아 작은 변화에도 민감한 반응을 나타낸다. 얼굴 표정은 변함이 없지만 머리 높낮이로 심리상태를 표현한다. 복종은 머리를 낮추지만 공포감을 느끼거나 흥분하면 머리를 높이 쳐들고 앞다리를 든다. 이때 고삐를 당기면 더 놀라 뒤로 넘어져 허리를 다치거나 뇌진탕을 일으키기도 한다.

마조제는 나의 신에게 올리는 제사인데 국가에서 관장했다고 국조보감에 나왔다. 신성시하던 우리들을 현대인들은 건강기능 식품으로 인정했다. 소고기 보다 부드럽다는 우리들의 고기도 예전에는 임금에게 진상하던 귀한 식품이었다.

신경통과 관절염, 빈혈이나 척추에 좋다는 정보가 동의보감에 있다. 우리들의 뼈는 골다공증과 암세포 성장 억제에 좋다는 결과가 나왔다. 지금도 여러 산하기관에서 활발한 연구를 한다는 소식을 들었다. 나를 연구하는 그들이 포식동물처럼 두려워진다. 사람들의 끝없는 욕심이 나를 더 슬프게 만든다.

옛것을 품다

지나가는 것은 계절만이 아니다. 사람이 살아가는 길에 깔린 봄도 기차처럼 빠르게 지나간다. 사랑은 움직인다는 광고멘트가 있었다. 아름다움 또한 시대와 나이에 따라 움직이는 건 어쩔 수 없다.

언제부터인지 흙으로 빚은 도자기와 소담한 질그릇이 눈에 들어왔다. 그것은 잿빛을 품은 가을색이었다. 오묘한 계절의 멋과 맛이 좋아 한동안 질그릇을 어루만졌다. 나도 언제 이런 멋과 맛이 풍기는 삶을 살았으면 하는 부질없는 생각에 끌렸다.

옛날 물건들의 은근한 아름다움에 푹 빠지기도 한다. 멀쩡한 장롱을 버리고 나전칠기 자개장으로 바꾸었다. 원목과 황토를 이용해 차방을 만들어 고가구와 소품들을 들였다. 백년의 나이를 넘어선 간장 항아리, 키 작은 떡시루, 베 짜던 북, 고장 난 벽시계와 다듬잇돌, 친정집 마당과 창고에 뒹굴던 깨어진 기왓장에도 마음이 끌려 들고 왔다.

큰 절구통의 돌확은 눈독만 들일 뿐 옮겨 올 재간이 없다. 아파트 공간에서 마땅히 간수할 장소도 없거니와 이사를 생각하면 끔직한 일이다. 장독대의 큰 항아리들도 매번 눈인사만 하고 온다. 툇마루에서 먼지를 쓰고 있는 맷돌은 가끔 동네 어른들이 쓰신다는 이유로 가져오지 못하고 있다.

여섯 폭의 병풍이 있다. 뜻이 알쏭달쏭한 초서체는 보고만 있어도 물결소리가 나는 것 같다. 도자기, 등잔, 주전자 등을 곁들인 그림으로 호사를 부렸다. 친정엄마의 서랍 깊은 곳에 몇 겹씩 쌓인 채 수 십년을 보낸 엄마의 손때가 묻은 소장품 들이다. 큰언니의 여고 때 작품도 눈에 익었다. 촘촘하게 엮은 씨실과 날실 사이에 금실과 은실이 반짝이고 있다. 동양자수는 가을볕에 잘 익은 홍옥과 정제된 초승달을 담았다. 언니는 몇 달을 앉아 골백번 바늘을 움직였을 것이다. 아름다움 속에는 보이지 않는 슬픔과 아픔이 있기 때문에 더 빛을 내고 있었는지 모른다.

친정엄마의 모시치마는 사위의 재킷과 바지가 되었다. 여름

철마다 즐겨 찾는 옷이다. 천연염색을 들이면 좋으련만 자연 그대로가 좋다며 고집을 부린다. 풀을 먹여 다리미질 하는 일이 여간 번거로운 게 아니다. 손질하는 수고도 없이 비 오는 날에도 입고 나가 흙탕을 묻혀오기도 한다. 장모와 교감을 나누고 싶은 마음일까. 남편은 그 옷을 아끼고 즐겨 입는다.

친정엄마가 준 실크 스카프는 미수를 넘겼다. 곳곳에 세월의 흔적이 보인다. 외할머니께서 남긴 비단이 많았다. 몇 해 전 박물관에 기증을 하고 남은 조각은 엄마와 이모들 셋이서 스카프를 만들어 나누었다. 그리고 다시 딸들이 물려받아 나는 이종사촌과 더불어 쌍둥이 스카프를 가지게 되었다. 빛바랜 누런색을 천연염색으로 들일 생각도 했었다. 그러나 보면 볼수록 누렇게 바랜 빛은 묘한 아름다움을 더 했다.

옛것은 화려하거나 요란스럽지 않다. 거친듯하면서 자연과 함께 어우러진 아름다움이다. 주연보다 조연이 아름다울 때가 있듯이 작은 소품이 주위를 맛깔스럽게 한다. 차림새가 밋밋할 때 스카프는 의상의 꽃이 되어 근사한 연출을 한다. 이때 외할머니와 외손녀의 동행은 아름다운 나들이가 된다.

꽃망울이 터지는 소리로 사방이 환하다. 꽃망울 소리에 놀란 듯 신록이 파도처럼 몸짓을 한다. 이에 뒤질세라 여인의 차림새와 웃음에 밝은 물살이 인다.

하늘은 멀리서 보아도 꽃 터널처럼 둥그레 하다. 터널 저쪽에서 계절이 서둘러 오기도 한다. 어디를 가든 산수화가 펼쳐진다. 계절은 움직이는 갤러리다. 아침과 달리 저녁 무렵이 되자 나무는 더 큰 손바닥으로 바람을 쓰다듬는다. 연푸른 잎은 레일 위를 달리는 기차처럼 빨리 달리고 있다.

그러나 때로는 삶이 아픔을 불러오기도 한다. 친정에서 따라온 골동품은 내 아픔을 다독이는 피붙이가 되어 달래고 얼렀다. 할머니의 식초항아리는 참는 법을, 아버지의 벽시계는 지금의 고통은 잠시 지나는 바람이라고 타일러준다. 큰언니의 병풍은 지혜로운 사랑이 아름다운 삶이라고 가르친다. 친정의 골동품은 언제나 성실한 마음으로 삶을 일구어 나가라고 타이른다. 출가외인이라는 나는 아직도 소녀 적처럼 친정에 삶의 뿌리를 기대고 있다.

골동품 속에는 아름다움이 있다. 나를 지켜주는 처연한 가족사를 살포시 가슴에 껴안아 본다.

쌍산재

지리산 여행 사흘째다. 나 홀로 여행은 비어있는 듯 허허롭기도 하지만 가득 찬 충만함을 주기도 한다. 무한 자유의 공간 속에서 나를 돌아보는 사유의 시간은 축복이다. 지리산과 산 능선 사이로 펼쳐지는 오월의 풍경이 장관이다. 출렁이는 초록빛 물결 위에 맑은 햇살이 쏟아지고 부드럽게 퍼지는 윤슬이 반짝인다. 느긋한 시간이 섬진강을 지난다. 어느 날 문득 오늘의 자유로움이 나는 또 그리워질 것이다.

해가 질 무렵 쌍산재로 향했다. 지리산 맞은편 오산자락에 구례 사성암이 보이고 그 아래로 섬진강이 유유히 흐른다. 한국 풍수의 메카라고 알려진 사도리 마을 풍경이 한 눈에 들어왔다. 산, 강, 들판의 풍수적 조형이 완벽한 명당자리라고 한다.

사도리 상사마을은 해주 오씨의 집성촌이다. 지은 지 이백

여년 된 쌍산재에는 육대 째 종손이 산다. 고택 초입에서 당몰샘을 만났다. 지리산의 약수가 모여 흘러내린 물이라 한다. 이슬처럼 맑고 투명한 물이 찰랑인다. 칠 년 가뭄과 석 달 장마에도 일정한 수량과 물맛이 변함이 없다고 한다. 신비로운 샘물로 목을 축였다. 물맛이 깔끔하고 담백하며 약간 단맛이 도는 듯하다. 차를 다릴 때 으뜸이라는 소문에 이 물을 얻기 위해 먼 길도 마다하지 않는다 한다. 전국 장수마을 1위가 된 것도 샘물 덕분이라는 소문이다.

작은 솟을대문에 걸린 쌍산재의 현판은 보통의 여염집과 같았다. 크고 웅장한 명문대가와의 비교는 금물이다. 나무 대문을 열고 들어서니 지극히 소박한 안채와 사랑채가 보인다. 이 집안의 종손이 객을 맞이하고 안내를 한다. 쌍산은 그의 고조부의 호이다. 중년의 남자는 집안의 내력과 가풍에 대하여 세세히 설명을 했다. 선조에 대한 자긍심과 지극함으로 가득 찬 그가 부럽고 존경스럽다.

안채의 작은 마당을 지나면 층층이 만들어진 돌계단이 이어진다. 멋스런 운치가 그만이다. 오솔길이 이어지는 대나무 숲에는 굵고 푸른 왕대들이 울창했다. 대숲을 마주보고 있는 곳에 호서정이 있다. 죽로차 향기가 코끝을 스치고 댓잎소리는 음률을 타고 내린다. 빗소리 들으며 좋은 벗들과 차향에 취하고 싶다.

대숲의 그늘은 마치 터널 속을 걷는 듯 어두웠다. 대숲과 동백나무숲을 지나자 대낮처럼 밝은 풍광이 나타났다. 오솔길을 지나니 좌우로 운동장만한 녹색 잔디밭이 펼쳐지고 푸른 하늘이 보인다. 잔디밭에 누워 밤하늘의 별자리를 보는 곳이란다. 마치 마법사의 주술에 홀린 듯 빛의 현란함에 현기증이 일었다. 발자국을 옮길 때마다 새로운 풍경이 펼쳐진다. 과거와 현재가 공존하는 공간에 푸른 별빛이 내린다.

다시 오솔길로 접어들었다. 가정문이란 중문을 지나면 우거진 숲 사이의 좁은 길 끝에 서당채가 있다. 안채, 건너채, 사랑채, 별채를 모두 지난 끝자락이다. 넓은 대청마루와 길게 이어진 툇마루가 반질반질 윤이 났다. 바지런한 안주인의 살림솜씨가 묻어난다. 어디선가 학동들의 글 읽는 소리가 들리다 다시 멀어진다. 쌍산재라 쓰인 현판이 무념한 듯 나를 바라본다. 마음 그대로 누워 나비잠이라도 취하고 싶다.

초록빛으로 물든 정원에는 각종 유실수와 야생화가 지천이다. 작약과 목단도 작은 숲을 이루었다. 앵두와 보리수의 열매가 곧 터질 듯 농염하다. 윤기 흐르는 붉은 입술의 도발에 지나는 길손들이 홀린다.

숲 속 울 안에는 종손의 고조부 유택이 있다. 산 자와 죽은 자가 서로를 지켜주는 파수꾼이다. 사후에도 후손과 함께 하는 그 분은 얼마나 행복할까. 아마도 살아 생전 많은 공덕을 쌓았으리라. 초야에 묻혀 후진 양성에 힘쓰던 선조들의 흔적이 집 안 곳곳에 남아 있다. 자연을 손상시키지 않은 고택이 심신을 부드럽게 끌어안았다. 사랑채에서 금방이라도 문을 열고 나오실 것 같은 외할아버지의 모습이 보인다. 잠시 시골 외가에 온 것 마냥 편안한 집이다.

샛길을 따라 나서니 굳게 닫힌 나무쪽문이 나왔다. 마치 시골 부엌문처럼 작고 협소하다. 푸른 비취빛을 낸다는 영벽문이란 현판이 멋스럽다. 걸쇠를 밀치고 문을 여는 순간 탄성과 감탄사의 연발이다. 눈앞에 펼쳐진 풍경은 드라마의 반전처럼 파격이다. 아담한 푸른빛의 저수지와 넓은 들판, 병풍처럼 품은 지리산과 하늘, 둑길로 이어지는 저수지의 풍경이 나에게 와락 안겼다.

바라만 봐도 좋은 길을 홀로 걸었다. 가끔은 비에 젖고 바람에 흔들린 삶도 있었다. 산다는 것은 끊임없이 먼지를 닦아내는 것이라 한다. 비우고 채워가는 삶을 살아갈 수 있다는 건 얼마나 고마운 일인가. 솔바람과 흘러가는 구름 한 조각이 길 동무가 된다. 그들과 동행하는 사유의 길은 외롭지 않을 것이다.

빗소리

고즈넉한 날에는 대나무 숲에 떨어지는 빗방울 소리가 그리워진다. 술을 마시면 사람도 취하듯 대나무도 비를 맞으면 취한다고 한다. 대나무를 옮겨 심거나 가지치기를 하려면 취한 상태로 해야만 아픔이 덜하다 한다. '우후죽순雨後竹筍'이란 말처럼 비와 대나무는 궁합이 잘 맞는 것 같다.

요즘에는 장대비가 내려도 빗소리를 들을 수 없다. 아파트에서 살다보니 빗물 내려가는 소리만 듣게 된다. 정작 지붕을 때리는 빗방울 소리는 들리지 않는다. 어릴 적 양철 지붕의 집에 사는 친구가 있었다. 비 오는 날은 친구 집으로 가끔 비 마중을 갔었다.

내가 열 살 무렵이었나 보다. 우리 집 사랑채에 낯선 젊은이가 들어와 살게 되었다. 갈색 피부에 키가 큰 젊은이는 낮에는 농사일도 거들고 밤에는 우리들과 함께 시간을 보냈다. 그는 참으로 많은 재주를 가진 유순한 성격이었다. 그러나 그는 잘 웃지도 않았고 늘 우수에 찬 얼굴이었다.

그 해 여름이었다. 장대비를 뚫고 대나무 숲으로 간 그가 어른 팔뚝만한 푸른 대나무를 베어 왔다. 변변한 연장도 없었지만 자르고 다듬고 구멍을 내어 통소를 만들었다. 밤마다 들리는 애끓는 통소 소리에 잠을 깬 적이 여러 번이다.

계절이 바뀌면서 한 가족처럼 정이 들었다. 언제부터인지 불안의 그림자가 집안 곳곳에서 묻어났다. 항상 열려있던 대문은 빗장을 걸어두고 누군가의 인기척이 들리면 극도로 불안해하는 부모님을 보았다. 우리들에게도 입단속을 시켰다. 낯선 사람에게는 절대 대문을 열어주지 말고, 누가 물어도 우리 집에는 외부인이 없다고 이르는 말이었다. 부모님처럼 우리도 날마다 두렵고 초조한 시간들이 지나고 있었다.

어느 날 외출에서 돌아온 아버지께서 걱정스런 얼굴로 그를 불렀다. 그리고 곧장 안방 벽장 속으로 그를 숨겼다. 신발과 그의 물품들이 치워지고 알미늄 쟁반의 밥상과 요강만 벽장을 드나들었다. 그의 모습과 통소 소리가 사라지면서 온 가족의 시선은 대문과 벽장으로 향해 있었다.

그날도 온종일 내린 비가 질퍽한 마당을 만들고 어둠이 내리던 시간이다. 그때였다. 대문을 세차게 두드리며 정복 차림의 헌병들이 들이닥쳤다. 그들은 군화도 벗지 않고 집안을 수색하면서 부모님을 협박했고 우리들은 무장한 헌병의 기세에 눌려 숨도 크게 쉴 수 없었다.

잠시 후, 벽장 속에서 나온 그의 손엔 수갑이 채워지고 양팔을 뒤로 묶인 채 마당으로 끌려 나왔다. 눈물과 빗물로 범벅이 된 그의 얼굴은 핏빛 절규였다. 연신 돌아보던 그가 고개를 끄덕이며 작별을 고했다. 장날에 팔려가는 암소마냥 그는 그렇게 끌려갔다. 그날 이후론 영영 다시 볼 수 없는 그의 얼굴, 비 내리는 날이면 내 가슴 깊은 곳에서 다시 떠오르곤 한다.

그칠 줄 모르는 빗속을 뚫고 차를 달린다. 물금을 지나 원동으로 접어들었다. 녹음 짙은 두루뭉술한 산이 나를 맞았다. 풀어 헤친 구름이 '달과 물 사이'라는 찻집에 나를 앉힌다. 마시지 않은 한 잔의 차엔 그와의 추억이 담기고 흐르는 음악은 그가 불던 퉁소 소리였다. 나는 그 소리의 변방에 앉아있었다.

북천 나들이

불혹이라는 고비를 넘기면서 마음은 자주 가을빛에 흔들린다. 둥그렇게 뜬 새벽달을 보아도 달이 내 가슴을 동그랗게 뚫는 느낌이 든다. 창문으로 들어오는 달을 보면서 밤새 잠을 설쳤다.

가을이 어쩌고 달이 어쩌고 하는 핑계를 대지만 실은 이른 시각에 나서야 하는 약속이 잠을 설치게 했다. 초등학교 시절의 소풍가던 날처럼 설레는 것은 나이는 들어도 마음은 나이를 먹지 아니한다는 증거인 것 같다. 하동에 있는 북천 들녘으로 가는 걸음은 행여 기차를 놓칠세라 새벽 어둠을 터벅터벅 밟는다.

무궁화호 기차는 요산 김정한 선생의 「수라도」에 나타나는 화제리가 보이는 원동역을 지나간다. 낙동강 줄기를 따라 펼쳐지는 산야에선 「모래톱 이야기」의 조마이섬이며 갈밭새의 영감이 살아 손짓하는 것 같다. 부산을 사랑하고 낙동강을 사랑한 선생의 넋이 그대로 깃들어 있음을 새삼 떠올린다.

설핏 잠이 들었는가 하는데 낙동강역이다. 역명이 아름답다. 낙동강역을 찾았던 몇 년 전의 일이다. 어느 고등학교 교장 출신이라는 문화해설사의 조금 떨리는 듯한 젖은 목소리는 잔잔한 충격이었다.

낙동강 전투는 서울 한강 이남에서 가장 치열한 전투였다고 한다. 부산이 함락되면 전투는 패배로 끝장이 난다. 그런 처지이기에 낙동강 전선은 국운을 걸고 지켜야 했던 격전지였다. 그때의 처절한 승리의 대가로 오늘 우리가 있다는 해설사의 말은 물결 같은 소리의 파동이 되어 듣는 일행의 가슴을 적셨다. 기차는 강과 들녘을 지나 육이오를 아는 듯 모르는 듯 달린다.

감나무에 매달린 새빨간 감을 보고 감탄한다. 농촌을 지나갈 때마다 눈에 들어오는 가을 감나무 밭은 마음을 넉넉하게 한다. 새빨간 감처럼 따뜻한 인심을 감나무에서 읽는다. 그것은 감이 아닌 조롱조롱 매달린 꽃이다.

황금색으로 물든 들녘에 서 있는 허수아비가 새를 보고 있다. 허수아비의 모양새도 세월따라 다양하다. 소방관 복장을 한 허수아비는 들녘이 혹 불에 타버릴까 염려하는 것 같다. 그

곁에는 피겨스케이트 선수처럼 보이는 허수아비는 물주전자를 들고 있다. 소방용 물이겠다. 아니면 수고하는 소방관을 위하여 방금 잘 익은 막걸리를 담아 와 권하려고 하는지도 모른다.

우주비행사와 미니스커트의 아가씨 허수아비는 연인처럼 다정해 보인다. 반짝이 옷에 마이크를 잡은 것은 아마 풍년을 노래하려는 가수이리라. 노랫소리를 듣고자 참새 몇 마리가 할아버지 밀짚모자 위에서 고개를 까딱거리고 있다. 참새는 더 이상 허수아비에 놀라지 않는다. 오히려 좋은 친구로 삼는 것 같다. 허수아비 역시 굳이 참새를 쫓으려 하지 않는다.

허수아비 너머 문득 여고시절이 떠오른다. 학교에서 저녁 늦은 시간에 집으로 가는 친구와 나는 으슥한 산모롱이를 지나가야 했다. 공동묘지가 있는 길목이었다. 우리는 서로 손을 꼭 붙잡았다. 발자국 소리도 낼 수 없었다. 소리를 듣고 무덤 속에서 주검들이 나와 길을 가로 막을지 모른다며 약속처럼 입을 꾹 다물었다. 뿐만 아니었다. 부근에는 나환자마을이 있었다. 공동묘지 부근에 있는 나환자마을은 왠지 으스스한 바람소리를 닮았었다.

공동묘지 앞 작은 밭가에 서 있는 허수아비가 몸을 움츠리게 했다. 치마저고리를 유달리 길게 늘어트린 채 바람에 흔들리는 것이 흡사 무덤 속에서 나온 귀신이었다. 낮에 그 길을 지나가면 노란 저고리에 붉은 치마를 걸친 것 뿐인데, 밤길을 걷는 눈에는 사람을 낚아챌 갈고리 같은 날카로운 손톱이 연상되는 걸 어쩔 수 없었다.

기차는 어느새 북천역에 닿는다. 와! 일제히 함성이 터진다. 키보다 훨씬 웃자란 코스모스 군락이 한들거리며 꽃대를 올리고 있다. 코스모스의 물결이다. 그 물결 너머로 불타는 북천의 들녘이 풍년가를 울리고 있다.

코스모스만이 아니다. 「달빛 속에 흐드러지게 피어 있는 모습이 마치 소금을 뿌려놓은 듯」하다는 이효석의 메밀꽃 밭이 일행의 시선을 하얗게 끌어당긴다.

메밀꽃은 새색시의 부드러운 속살을 닮았다. 날렵한 몸매와 화려한 외모를 자랑하는 코스모스와는 달리 메밀꽃은 낮으막한 키에 소박한 외모가 조금은 수줍어 보인다. 코스모스꽃을 낭만파라면 메밀꽃은 순정파라고 할까.

농촌의 젊은이들이 일거리를 찾아 도시로 나간 뒤 황폐해지기 시작하는 들판 일부를 코스모스와 메밀의 군락지로 형성했다는 노인들의 말에서 시대의 변화를 다시 읽는다. 농사를 짓기에 힘이 부친 노동력을 대신한 코스모스와 메밀꽃 군락은 뜻밖에도 전국의 관광객이 찾는 명소가 되었다. 변해야 산다는 말을 실감케 하는 상전벽해 지역이다.

여기 저기 먼눈팔면서 도착한 무궁화 기차를 환영하듯 북천역에서 음악이 흘러나온다. 김상희의 〈코스모스〉와 나훈아의 〈고향역〉이다. 북천의 가을을 만끽하라고 노래는 들녘 끝에서 끝으로 때로는 낭랑하게 때로는 아늑하게 울려 퍼진다. 노래에 익은 코스모스와 메밀꽃이 가락에 맞추어 몸을 흔든다.

가을을 찾아 나선 일행들 또한 저마다 몸을 흔드는 코스모스며 메밀꽃이었다.

- 북천역은 경남 하동군 북천면에 있음.

제3부

밥상

내 인생 최고의 밥상은 뜻밖에도 감옥에서였다. 어떤 사건에 연루되어 벌금형 오백만원을 선고받았다. 고민 끝에 엄마에게 구원을 청했지만 엄마는 일언지하에 거절하였다. "죄를 지었으면 죄 값을 치뤄야지…." 믿었던 엄마가 매몰차게 돌아섰다. 얼음보다 더 차가운 바람이 휙 몰아쳤다.

부모 자식 사이를 어쩌면 저렇게 단칼에 벨 수 있을까. 그까짓 오백만원 때문에 자식 인생에 주홍글씨를 새기다니…. 우리 서로 인연을 끊자고 내가 언성을 높였다. 엄마가 나를 버렸다는 배신감에 이해할 수 없는 복수심이 들었다. 자존감 강한 엄마를 우세시키려고 들어간 곳, 그렇게 발을 디딘 곳이 담장 높은 회색빛 교도소다.

첫날 밥상을 받았다. 고슬고슬한 하얀 쌀밥엔 기름진 윤기가 흐르고 연두빛 완두콩이 식욕을 당겼다. 정갈하게 차려진 갖가지 나물에 방금 버무린 배추겉절이까지. 어쩜 내 입맛을 이리도 잘 알았을까. 날마다 새로운 산해진미 밥상은 임금님 수라상을 방불케 했다. 황후도 부럽지 않은 시간이 꿈결처럼 흘렀다.

면회 오는 지인들을 다 만나면서 단 엄마는 끝까지 거부를 했다. 엄마가 오백만원을 거부했을 때처럼. 며칠 뒤 엄마가 다시 찾아와 애원을 했다. 나는 그런 엄마에게 온몸으로 울부짖었다. 그때 누군가 내 몸을 흔들었다.

꿈에서 받았던 근사한 밥상에서 요기를 한 탓인지 현실의 부실한 밥상 탓인지 입맛이 삼베처럼 거칠하다. 이럴 땐 고향 음식이 멀어진 입맛을 가져다준다. 길들여진 입맛을 바꾸는 게 어디 그리 쉬운 일인가. 충청도 들녘에서 자란 나는 싱겁고 밋밋한 입맛에 꽤 까다로운 미각을 가졌었다. 두어 달 시댁에 있을 때 제일 고역스러운 게 삼시세끼였다. 산초와 방아를 넣은 매운탕이 하루도 빠짐없이 나왔다. 맛은 고사하고 특유의 향기가 나를 곤혹스럽게 했다. 맵고 짠 아귀찜, 진한 젓국 냄새의 김치, 도저히 숟가락을 들을 수 없었다.

시어머니는 가끔 이웃 사람들을 초대해서 음식을 함께 나누셨다. 조갯살과 미더덕, 야채와 찹쌀가루를 섞어 허옇게 끓인 죽. 그 이상한 비주얼은 꿀꿀이죽을 연상케 했기에 보는 것조차 역겨웠다. 별미라는 그들의 말에 뜨악했던 나를 그들도 이해하지 못했다. 우린 서로가 서로를 신기한 이방인으로 보았을 때다.

콩잎김치가 밥상에 올랐다. 내가 자란 마을에서는 소여물에 불과했기에 사람이 먹는다는 것은 상상도 못했다. 그런 콩잎을 시댁식구들 모두는 맛있게 먹고 있었다. 내가 콩잎 맛을 제대로 알기까지는 꽤 많은 세월이 흐른 후다. 징그러워 거부감을 느꼈던 생선회도 즐기게 되었고 고춧가루 벌건 아귀찜도 좋아하게 되었다. 식성도 세월을 따르는지 지금은 별식이 되어 사라진 식욕을 돋운다.

신혼시절 아욱국이 무척 먹고 싶었을 때다. 하지만 온 시장을 다 돌아도 아욱을 찾을 수 없었다. 고향엔 지천으로 널려 있던 게 아욱이건만 이곳에서는 구경조차 할 수 없었다. 아니 이름조차 모르는 사람들이 많았다. 구할 수 없다는 생각이 드는 순간 먹고 싶은 유혹은 더 커졌다. 며칠 후 지인을 통해 받아든 아욱은 친정 피붙이만큼이나 반가웠다. 먼 곳에서 어렵게 구했던 그날의 감격을 어찌 잊을까.

이곳 사람들은 가을날 전어 맛에 취한다고 한다. 나도 그들처럼 가을밥상에 올리고 싶은 것 중의 하나가 아욱국이다. 오래전 향수병을 달래준 것도 아욱국 한 대접이 올려진 밥상이었다. 소담하고 정갈한 밥상이 그리워지는 계절이다.

잘 차려진 밥상 한 상 받고 싶다면 욕심일까.

내 안의 집

아파트 모델하우스 앞이 북새통이다. 연일 계속되는 문전성시에 매스컴도 앞 다투어 보도를 한다. 사람들이 떼를 지어 밀물처럼 왔다가 썰물처럼 빠졌다. 메뚜기도 한철이라는 옛말을 증명이라도 해주는 것일까. 떴다방 업주들은 돈의 흐름을 쫓는 철새처럼 전국의 분양시장을 누빈다. 돈줄을 잡으려는 영악한 사람들 틈새에서 나 홀로 벅수가 된 느낌이다.

단칸방에서 신혼을 보내고 첫 아이를 낳았다. 단출한 살림살이가 허접스럽거나 부끄럽지 않았고 불행하다는 생각은 더 더욱 하지 않았다. 그 시절은 내 이웃들도 비슷한 삶을 사는 게 대부분이었다. 손님이 한 방에 묵어가도 특별히 불편함을 느끼지 못했던 시절이다. 소유하지 못한 물질의 공간에는 희망의 등불이 온기를 지폈다.

큰아들이 여섯 살 때다. 밖에서 놀던 아들이 전세금이 얼마인지를 묻고는 쏜살같이 나갔다. 동갑내기인 수경이 자매가 아들의 자전거를 망가트렸고 아들은 사과를 하라고 했단다. 그런데 사과는커녕 '여기는 우리 집이니까 나가라'는 자매에게 '우리 돈 당장 내 놓으라'고 소리치던 아들. 그 시절은 주인들의 횡포나 갑질을 당연시 하던 때다. 주인집 아저씨가 삼층집을 사는 동안 아빠는 뭘 했냐고 따지던 아들이 그 때의 아빠 나이가 되었다. 하지만 집은 커녕 전세금도 마련 못한 민달팽이의 총각이다.

아이들이 직장과 학교 기숙사로 떠나고 빈 방이 많아졌다. 잠 안 오는 밤이면 아이들의 방에 머물다 나오곤 했다. 객지에 있는 아이에게 이렇게라도 나의 온기를 전하고 싶었다. 어릴 적 한 방에서 북적대던 시절이 가끔씩 그리운 날이 있다. 오롯이 나만의 방이 절실했던 그 시절엔 상상도 못하던 아득한 일이다.

서른 해를 품어주던 부산을 떠나 주거지를 옮겼다. 산수가 좋아 사람이 순해진다는 양산에 작은 상가주택을 마련했다. 먼저 살던 집의 반으로 줄어든 집에는 가져 오는 것 보다 버려야 할 살림이 더 많았다. 이리저리 발품 팔며 구입했던 세간들이 여러 집으로 흩어졌다. 기르던 자식을 입양 보내는 마음이 이렇지 싶다. 많은 가구와 살림살이가 떠나던 날이었다.

큰아이가 급성맹장 수술을 한다는 연락이 왔다. 이별의 아픔을 공유라도 하려는 것이었을까. 텅 빈 공간에 미처 떠나지 못한 먼지가 위로를 한다. 시시각각 아들의 상황이 핸드폰 속으로 달려온다. 수술 준비부터 회복실로 가는 단계까지 완벽한 시스템이다.

언젠가 구례 화엄사 구층암을 찾았다. 구층암 뜰에 자라던 모과나무는 죽어서 기둥으로 다시 환생했다. 주춧돌에 뿌리를 내리고 서까래에 가지를 뻗었다. 상처 입은 옹이와 굴곡진 나뭇결에서 나를 본다. 나무와 사람이 서로를 위무한다. 굽은 모습 그대로 자연을 거스르지 않은 정직함이 당당하다. 모든 것 비우고 사나흘 머물고 싶은 곳이다.

요즘 새로운 취미가 생겼다. 풍경 좋은 곳의 땅은 내가 다 살 것처럼 인터넷 검색을 한다. 이런저런 집을 설계하다 아침을 맞이할 때가 많다. 자연과 함께하는 편안하고 아름다운 집을 짓고 싶다. 비싼 땅값과 건축비의 숫자 사이에서 외로운 줄타기를 한다. 가우디와 구엘의 만남이 사뭇 부럽기만 하다.

집은 가족이 사는 작은 나라다.

들여다 보다

103호 포도나무가 우리 집 발코니 창을 초록빛으로 감아올렸다. 여름 햇살이 보약이었는지 줄기와 잎들이 무성하게 뻗어간다. 잠시 한 눈을 파는 사이에 아기는 어른이 되어 또 다른 아기를 낳았다. 빠른 속도로 커 가는 포도나무와 달리 회양목은 늘 그대로인 것처럼 변함이 없다.

회양목은 도장나무라 부르기도 하며 한 뼘 정도의 직경이 자라는데 오백년 이상이 걸린다고 한다. 단단하고 견고함은 그 어떤 나무와도 비교할 수 없다. 오랜 시간 속을 다지고 다지는 인고의 성장은 철학나무를 연상케 한다.

창을 열어 보드란 초록빛을 만져본다. 시큼한 식초향이 침샘을 자극하며 안겨온다. 공중에 매달린 푸른 잎의 정경은 또 다른 시각으로 다가왔다. 가까이 들여다 보다 뜨악했다.

가녀린 줄기에 작은 개미들이 부지런히 넘나들고 있었다. 포도나무 크듯이 개미군단도 1사단의 병력으로 늘었다. 밤낮 창을 열어 놓은 게 화근이었는지 개미는 안방까지 점령했다. 가끔씩 내 몸을 추행하며 불안한 동거가 시작되었다. 몇 마리로 시작된 그들은 시간이 지나며 친구와 가족들을 대동했다. 때로는 콘서트가 열리는 분위기를 연상케 한다.

나의 엄지손톱은 따발총이 되어 무수히 많은 살생을 했다. 그러나 개미의 숫자와 민첩함을 따르지 못했다. 고무냄새를 싫어한다기에 굵은 고무줄을 늘어놓았다. 보이지 않아야 할 그들은 고무줄 위에서 서커스를 하며 나를 조롱했다. 시대의 흐름에 따라 개미의 취향도 바뀌는가 보다. 고심 끝에 마지막 전술을 썼다. 여왕개미와 개미 유충까지 동시에 없앤다는 개미용 베이트를 곳곳에 붙였다. 두고 보란 듯이 유유히 넘나드는 그 놈들의 기세에 더운 여름이 더 더워질 모양이다.

바라보는 아름다움에 그쳐야 했다. 모든 것은 적당한 거리와 시선에 머물 때 향기롭다. 값비싼 보석도 다르지 않았다. 겉은 멀쩡한데 현미경 안의 보석은 금이 가거나 깨어진 부분이 선명하게 보인다. 감정사의 판결에 따라 보석 값이 결정된다. 그렇다면 사람의 값은 어떻게 될까. 화학적 결과는 형편없이 낮았다. 적당한 거리에서 보았던 아름다움은 포장의 일부분이다. 면밀히 들여다보다 얕은 속내를 알고 가슴 친 일이 어디 한 두 번이랴.

명마는 타 봐야 알고 사람은 사귀어 보아야 안다. 겉으로 봐서 알 수 없는 게 사람이다. 살다보면 하지 말아야 될 말이 있다. 무심코 뱉은 말이 타인의 가슴에 비수를 꽂기도 한다. 어제까지 호형호제하던 사람의 관계가 깨져 원수보다 못한 사이가 되기도 한다.

정치 세계는 영원한 적과 아군이 없다고 한다. 인간이 아닌 필요의 정략에 따르기 때문이리라. 깨어진 그릇의 상처는 없어지지 않는다. 신뢰가 무너진 관계는 회복 된다 해도 보이지 않는 앙금이 남는다. 가까이서 깊이 알려다 다치는 경우를 종종 보게 된다. 사람에게 실망하고 다친 마음은 벽을 만들기도 하지만 때로는 진주를 만든다.

지음知音은 소리를 알아주는 벗이다. 중국 전국시대에 거문고의 명인 백아가 있었다. 연주의 명인이었지만 그의 음악성을 이해하고 알아주는 사람은 드물었다. 하지만 백아의 친구 종자기는 달랐다. 백아가 켜는 거문고 소리만 들어도 그의 심경을 다 읽을 수 있었다. 종자기가 죽자 백아는 자기의 분신인 거문고 현을 끊어버린다. 이제 백아의 거문고 소리를 알아들을 사람이 없음에 다시는 연주하지 않았다.

백아와 종자기처럼 지음의 벗을 얻기란 쉽지 않다. 그 마음을 변함없이 지키기는 더 더욱 어렵다. 회양목처럼 견고하고 단단한 관계가 보기 드문 세상이다. '그 사람 참 괜찮다'는 말은 언제 들어도 따뜻하다. 한평생 살면서 좋은 사람 만나는 게 큰 축복이다. 마음 들여다보는 길목에서 꽃 같은 만남을 꿈꾸어 본다.

바지랑대

그에 대한 분노가 극치를 달리던 날 간절곶을 찾았다. 칼바람이 불었다. 시퍼런 파도가 성난 사자처럼 달려들었다. 며칠째 달아난 입맛과 불면증으로 잠을 이루지 못했다. 한겨울의 바다는 내 마음처럼 시린 고통을 앓는 듯 했다. 세찬 파도소리가 소리친다. 아프면 아프다, 힘들면 힘들다, 참는 게 능사는 아니라며 가르친다.

위태롭게 흔들리는 텅 빈 바지랑대는 지금의 내 모습과 닮았다. 미풍의 흔들림이 아닌 쓰나미가 나를 뒤집었다. 같은 잘못을 번복하며 이해와 용서란 낱말을 앞세우는 그에게 더 이상의 감정과 수식어는 사치였다. 기가 차면 숨을 쉴 수 없듯이 해녀들이 내는 숨비 소리가 간헐적으로 터져 나왔다. 삶의 실마리가 풀리지 않을 때 흔히 답답하다 한다. 답을 얼마나 원했으면 답답이라 붙였을까. 사람이 사람을 용서한다는 것도 모순이다. 자존심을 다치면 마음의 빗장부터 닫는다. 먼 길을 힘들게 달려 온 세월의 보상이 이런 것일까 설움이 북받쳐 오른다.

간절곶의 유래는 먼 바다를 항해하는 어부들이 이곳을 바라보면 긴 간짓대처럼 보인다 해서 붙여진 이름. 하지만 간절히 소망하고 기도하면 이루어지는 곳이라고 믿고 싶다. 태양의 신 헬리오스의 청동상과 세상에서 제일 크다는 소망우체통 등이 보였다. 예전에 없던 조각품들이 세월과 함께 늘어간다. 아이가 커서 아이를 낳고 그 아이가 또 아이를 낳듯이 조형물들이 또 다른 식구들을 낳아 기른다. 동북아시아에서 제일 먼저 해가 뜨는 곳 이곳의 해가 떠야 대한민국 아침이 온다지 않는가.

간절곶을 향해 나란히 누워 있는 작은 봉분 두 개가 평화롭다. 아마 사이좋은 부부였으리라. 탁 트인 전망과 시원한 파도소리, 사계절 자연과 사람들이 전해주는 세상 소리에 외롭지 않으리라. 천하의 명당자리를 차지한 이들은 누구일까. 이름 없이 방치되던 봉분을 근간에 이르러 후손이 있다는 것을 알게 되었다. 그러고 보니 작은 표지석이 눈에 들어왔다.

봉분 주인은 고기 잡는 어부였는데 어느 날 풍랑을 만나 바다에서 죽었다. 눈을 뜨고 죽었다는 그의 눈을 가족들이 감겼다. 언제부터인지 봉분에 어울리지 않는 초로의 남자가 가끔 다녀갔다. 50년 넘게 아버지 무덤에 절을 해본 적이 없다는 그는 유복자였다. 어머니 눈을 통해 본 게 전부였던 아버지 죽음을 인정할 수 없었다. 사회적 경제적으로 성공한 그는 아버지의 모습을 뒤늦게 찾았나 보다. 바지랑대의 참 의미는 세월이 가르쳐 주는 것인지 모른다.

대부분의 자식들은 울분과 서러움을 부모에게 토한다. 어떤 자는 돌아가신 무덤에 대고 원망과 하소연을 쏟는다. 부모는 자식의 영원한 바지랑대다. 자식에게 물어보고 낳지 않았으니 감수해야 하는 벌이라 말하는 자도 있다.

어릴 적 마당에 있던 긴 빨랫줄은 쉴 틈이 없었다. 식구들의 옷가지와 이불들이 나부꼈다. 겨울 햇살은 술래처럼 잠시 나타나 곧 사라졌다. 부드럽게 날리던 빨래는 딱딱한 얼음이 되어 그 무게를 더했다. 마르는 시간을 주지 않은 채 늘어가는 빨래의 무게를 감당할 수 없는 바지랑대가 쓰러졌다.

바지랑대의 역할은 늘 누군가를 받쳐주는 운명이다. 바로 서지 못 하고 살포시 비켜선 채 늘 겸손해야 한다. 꼿꼿이 선 채 잘난 체 하다가는 넘어지기 일쑤다. 시작과 끝이 조연이지만 운명을 탓하지도 않는다.

겨울 숲길을 걸었다. 회색빛 나목들이 수런거리며 다가선다. 칼끝 같은 바람과 추위가 벗은 몸을 매섭게 때린다. 봄빛에 일렁이는 신록의 물결은 아픔을 견딘 씨앗들이다. 봄이 오려나보다. 얼음 사이로 맑은 물이 흐른다. 시리고 아린 고통 속에서 새 삶을 준비하는 나목이 나를 품는다.

아파트 단지에 있는 목련은 벌써 봄을 달았다. 몽실몽실 부풀어 오르는 솜털은 추위를 즐기는지 날마다 젖살이 찐다. 인생의 봄이 그냥 오지 않는다는 목련의 가르침인가 보다.

지난해 위장 내시경을 찍었다. 석류빛 동굴 속은 신비 그 자체였다. 조직을 떼어낸 부분은 작은 꽃잎이 낙관처럼 찍혔다. 누에고치 모양으로 부어 오른 곳이 군데군데 보였다. 정기적인 검사를 받으라며 의사는 고개를 갸웃했다. 특별하다는 말과 함께.

말없이 본분을 다하는 사람들을 우리는 늘 그러려니 하며 관심을 두지 않는다. 자리가 비어야만 소중함을 알고 건강을 잃은 다음 알게 된다. 빈자리는 질서가 무너져 혼란을 가져온다.

브레이크가 가끔 필요하다는 생각을 해 본다. 잠시 멈춤은 멀리 뛰기 위한 준비다. 세월의 무게가 쌓인 낡은 바지랑대를 벗어 던지련다. 봄을 기다리는 마음으로 대밭으로 향한다. 튼실하고 푸른 바지랑대는 나를 지켜주는 버팀목이 될 것이다.

어머니의 자리

뒤란 장독대는 어머니만 머물 수 있는 공간이었다. 된장과 고추장 익어가는 소리에 어머니의 마음도 그렇게 익어갔다. 장맛을 지키기 위해 수없이 잰걸음을 옮겼을 것이다. 어머니의 비상금이 드나드는 화수분도 그 중의 하나다. 간장과 소금은 큰 독에서 고향을 그리는 파도를 치고 있었다.

눈길을 끄는 큰 독이 있다. 미역, 멸치, 건어물 등을 담아 두다 가끔은 비어 있기도 했다. 빈 독에게 말을 걸으면 더 큰 울림으로 대답을 하곤 했다. 세상 모두를 품는다는 어머니의 소리다. 부모는 자식의 영원한 간병인이다.

마음이 크지 않는 아이가 있다. 어릴 적 늘 병病을 달고 산 아이는 집보다 병원에 사는 날이 더 많았다. 의료진과 친·인척들이 포기하길 원했던 아이를 나는 보낼 수 없었다. 두 돌도 안

된 작은 몸에는 수많은 생명의 줄들이 이곳저곳에 달려있었다. 생명의 끈을 놓았던 아이는 심폐소생술로 온기가 돌아왔다. 인공호흡기와 심전도기, 산소기 등이 아이를 지켜주는 가운데 며칠이 지나도 아이는 깨어나지 않았다.

담당의사가 우리를 불렀다. 의학적으로 99% 사망이고, 1% 가망이 있다면 깨어나도 식물인간이 된다고 했다. 그 시절은 의료보험이 없었기에 인공호흡기는 고가의 장비였다. 남은 가족들 생각해서 편안히 보내자는 의사를 누군가 멱살을 잡았다. 가망 없다는 의사의 말에 처음에는 분개했지만 나를 제외한 시댁 형제들이 동의했다. 난 혼절을 거듭하며 응급실을 드나들었다.

가물거리는 정신을 돌아오게 하는 빛이 있었다. 다름 아닌 아이의 손이었다. 내가 지키지 못하면 영원히 잃을 것 같았다. 아이가 깨어나지 않는 여러 날 동안 뜬 눈으로 지새웠다. 잠들지 않고 먹지 않아도 배고프지 않았다. 엄마이기에 견딜 수 있었을 것이다. 자식의 고통은 엄마의 몫이다. 복도에 오가는 병실 아이들과 휠체어를 밀고 다니는 엄마들이 참으로 부러웠다. 설사 장애가 있더라도 함께 숨 쉴 수 있다면 행복할 거 같았다.

며칠이 지나 아이가 깨어났지만 기쁨은 잠시였다. 물을 찾는 아이에게 한 모금의 물을 준 순간 입과 항문에서 붉은 피가 뿜

어져 나왔다. 틀어놓은 수도꼭지처럼 멈추지 않는 피는 우리를 당혹케 했다. 아이는 푸른빛이 되어 다시 의식을 잃었다. 혈액형이 같은 남편이 긴급 수혈을 하고 항문에는 긴 호수가 달린 병으로 피를 받았다.

아침, 저녁 회진 시간에는 20여 명의 의료진들이 떼로 다녀갔다. 내시경으로 본 위장과 대장에서 큰 구멍들이 보였다. 오랜 시간 인공호흡기를 단 부작용이라고 했다. 긴급 수술을 해야 된다는 내과와 일반외과의 의견에 소아과와 마취과 의료진들이 반대를 했다. 수술은 자체적으로 숨을 쉴 수 있을 때 해야 된다는 것이다. 전신마취 과정에서 깨어나지 못할 거라는 말을 했다.

나약한 인간이 기댈 수 있는 마지막 보루가 종교라는 생각이 들었다. 가끔 드나들던 작은 교회가 있었다. 내 모든 걸 걸고 시작된 기도에 형제, 교우, 지인들이 동참했다. 한 달이 지나는 동안 기적 같은 일이 일어났다. 모든 병이 수술 없이 말끔하게 치료 되었다. 담당의사도 이런 기적은 의사 생활 수 십 년 만에 처음이라고 했다. 새 생명을 얻은 아이는 의료진과 우리들에게 큰 기쁨을 안겨 준 아기 천사다.

천사로 다가왔던 아이는 사춘기 무렵부터 달라졌다. 쑥쑥 자라는 몸과 달리 마음이 크지 않는 아이가 되었다. 어릴 적 뇌가 멈췄던 후유증이 나타났다. 스트레스를 받거나 신경이 예민해지면 미세한 경련을 일으켰다. 아이가 힘들지 않게 식구들이 받들다 보니 상전이 따로 없었다. 날로 늘어가는 짜증과 생각 없는 행동은 우리 모두를 지치게 만들었다. 달래고 어르는 과정의 반복만 있을 뿐이다. 남 보기에 멀쩡한 아이는 마음의 빗장을 걸어 두는 게 다반사다. 특별한 이유도 없다. 우리는 개그맨처럼 심통 난 그 마음에 꽃을 심는다.

자폐아와 중증장애아를 잘 키운 어머니들이 있다. 그들의 삶은 오로지 자녀에게 맞춰져 있다. 그런 어머니들의 황폐한 삶이 무서운 형벌처럼 느껴졌다. 그러나 그들은 천사 같은 아이로부터 배우는 게 많다며 미소를 지었다. 하나님이 너무 바빠서 하나님 대신 어머니를 각 가정에 보내셨다는 말에 나도 동감이 간다.

스무 살이 훌쩍 넘은 청년 아들은 인내와 마음 비움의 한계를 끝없이 시험한다. 엄마라는 자리와 이름표를 버리고 싶을 때가 얼마나 많았던가. 이런 나를 애잔하게 바라보는 부모형제와 지인들, 끊임없이 기도하는 그들이 있기에 또 다른 힘을 얻는다.

푸른 깃발을 향하여 나도 꽃길을 걸을 수 있는 날을 기다려 본다.

어떤 만남

서른다섯 해 만에 그와 재회를 했다. 삼월부터 만날까 말까를 수없이 생각하고 내린 결정이었다. 한 번은 만나 사과를 하는 게 좋을 거 같았다. k시의 어느 주차장이었다. 우리는 어색한 미소만 지은 채 나는 그의 차를 탔다. 나의 답사 일정표대로 그가 유적지 안내를 하고 나는 총총히 그의 그림자를 따랐다. 오월의 끝자락이었던 그날, 이글대는 태양과 지열의 온도는 팔월의 염천을 넘어섰다. 기상대에선 이상기온이라 했다. 바람 한 점 없는 산길을 걸으며 애꿎은 부채질만 날렸다. 서 너 시간의 짧은 답사가 길고 긴 하루였다.

저녁식사가 나오기 전 수필 한 편을 그에게 건넸다. 삼십 오년 전 그와 헤어지게 된 이야기를 담은 글이었다. 세세히 기억하고 있음에 매우 놀랍고 고맙다는 그의 말이 허공을 맴돌았다.

두어 잔의 술잔이 돌았던가. 거침없이 뱉은 그의 말에 나는 상처를 받고 그는 나의 변한 모습이 충격이라 했다. 희고 뽀얀 피부가 정말 예뻤는데…. 그 모습이 하나도 없다는 말을 여러 번 했다. 순간 피천득님의 「인연」이 떠오르며 제 2의 아사꼬가 된 기분이 들어 불편한 심기를 드러냈다. 그가 화들짝 놀라며 정색을 했다. 겉모습 보다 얼굴 내면에 흐르는 슬픔과 언뜻 보이는 그림자를 뜻하는 말이었노라 했다. 그는 본질을, 나는 현상을 각각 보았던 것이었을까.

연거푸 술잔을 비우던 그의 눈가가 젖어들고 그는 그때마다 밖으로 나갔다. 결이 고운 그의 감성 밭에 밀물과 썰물이 교차되고 있었다. 이별의 아픔을 견딜 수 없던 그는 여러 번 삶의 끈을 놓기도 했고 긴 세월을 나에 대한 원망으로 살았다 한다. 너무도 아팠기에 두 번 다시 상상도 하기 싫다는 그가 봇물 터지 듯 옛날 애기를 들려준다. 예전에 무작하게 들리던 남녘 사투리도 거슬리지 않고 정겹게 들린다.

어깨선에서 찰랑이던 머릿결, 하늘하늘한 크림색 블라우스, 연한 핑크빛 치마, 희고 뽀얀 얼굴…. 그의 기억에 각인된 나의 모습이었다. 그 기억에 반기를 들었다. 혹시 다른 여인을 나로 착각하는 것 아니냐고 물었다. 스스로 생각해도 헤어스타일과

의상이 아닌 것 같았다. 그가 불쾌한 반응을 보였다. 마치 고귀한 순정에 구정물이라도 맞은 듯. 내가 첫사랑이었다는 그는 소년처럼 순수했다. 그러고 보니 윤초시의 증손녀는 바로 나였다.

그는 나의 어미 새라도 되는 냥 여러 음식들을 나의 입안으로 부지런히 넣어주었다. 식은 국물을 몇 번씩 다시 데워 내 그릇에 담기를 반복했다. 행여 온기가 식을까 모든 게 지극 정성인 그의 애틋함이 묻어난다. 진작 본인은 밥 한 술 제대로 뜨지 않았다. 남을 먹여주거나 내가 받아먹는 것도 좋아하지 않는 성격이라 등이 오글거리고 불편하기 짝이 없었다. 몇 번이나 내 손으로 먹겠다는 말을 그가 막았다. 그 고집과 성격은 여전하다며 평생 내 마음 아프게 했으니 오늘은 그의 뜻대로 하게 해 달라 했다.

이십대 청춘은 나에 대한 원망과 그리움 뿐 이었다며…. 삶을 포기했던 그 용기로 나를 끝까지 잡지 못한 아쉬움이 남는다고 했다. 방황하던 시절에 시인 천상병과 유안진을 만났다는 그의 지난한 삶이 눈물겹다. 가슴 밑자락에서 뭉글대는 겨울바람처럼 그의 아픔이 오롯이 나에게로 전해왔다. 나를 잊기 위해 선택한 게 결혼이었다는 말에 자진모리장단 같은 해일이 인다.

자리를 몇 번 옮기고 난 후에도 우리들의 이야기는 끝없이 이어졌다. 자정 무렵 그와 헤어졌다. "밝게 사세요. 아프지 말고, 다치지도 말고요." 그가 나에게 반복하며 했던 말이다. 그날 밤 나는 잠을 이룰 수 없었다. 내 마음 가볍게 털어내려고 그를 만났는데 차라리 만나지 않았더라면…. 세월 앞에 장사 없다더니 자연이 그린 그림을 훈장처럼 단 그와 나는 서로를 바라본다. 이젠 아이들이 다 자라 그때 우리 나이를 훌쩍 넘었다. 아는 게 병이고 모르는 게 약이란 말처럼 그의 지난 아픔들은 내 몫이 되어 가슴을 저민다. 그의 열병과 아픔의 상처는 내가 상상했던 것 보다 훨씬 깊고 광활했다.

3박4일의 기행이 엉망이 되었다. 낙엽 진 늦가을 마냥 스산한 바람이 일었다. 복잡 미묘한 감정의 해일 때문인지 운전하는 내내 눈물이 그치지 않았다. 노고단 게스트하우스는 나의 울음 방이 되었다. 아무도 없는 그 곳에서 펑펑 울다 지쳐 설핏 잠이 들고 깨기를 반복했다. 그날 밤 소쩍새는 왜 그리 섧게 우는지 지리산 자락의 외로움을 모두 찢어내는 듯 했다. 아픔은 함께 울어주고 젖어드는 것이다. 밤이 새도록 울어대던 소쩍새 소리가 공명하듯 내 안에서 파도타기를 한다.

알고 보니 우리는 공통점이 참 많았다. 비슷한 가정환경에

문학을 하고 하나님의 자녀라는 것도, 건강하게 살아있음에 고마움과 감사를 전하며 서로를 위무했다. 먼 길을 휘돌아 다시 만난 인연. 일부러 찾은 것도 아닌 만남의 인연이 하나님의 섭리라면 비약일까. 모든 것 이해하고 용서할 수 있는 나이가 되었기 때문일 것이다.

별리의 아픔은 강물처럼 흐르고 우연이라고 생각했던 것들이 어느 순간 인연이었다는 것을 깨닫게 된다. 그러한 인연들이 모여서 운명이 되고 우리는 우연의 점들을 찍어 나간다. 늘 변함없이 선하고 진실한 사람, 신실한 믿음의 뿌리 안에서 기도하는 그가 있기에 온유의 날들이 펼쳐질 것이다.

아들의 여자

12월의 밤에 서울행 버스를 탔다. 달리는 버스 안과 창밖은 어둠의 존재만이 있을 뿐이다. 캄캄한 공간에서의 시간 보내기가 얼마나 무모한 일이던가. 눈을 뜨거나 감는 것 외엔 아무 것도 할 수 없다. 몸과 마음의 인내에 황색 신호가 들어왔다. 동굴 속 같은 공간을 더 역하게 만드는 건 스팀의 열기다. 멀미와 거리가 먼 나도 놀이기구를 탄 것 마냥 속이 울렁였다. 칼끝 같은 겨울바람 한 점이 몹시도 간절한 순간이다.

버스는 괴산을 지나 음성으로 접어들어 조금 달리는가 싶더니 가다 서다를 반복했다. 주말 고속도로는 고속이란 낱말을 상실한지 오래다. 차량 불빛은 꽃으로 환생했다. 사루비아의 긴 꽃대 행렬이 연신 꼬리를 이었다. 붉은 물결의 파도가 모여 꽃 무덤을 만든다.

그녀와 마주 앉아 밥을 먹었다. 한적한 교외를 지나 호수가 내려다보이는 곳. 그윽한 곳에서 우아한 정찬의 거룩한 밥상은 상상이 끝이었다. 룸도 없이 툭 터진 커다란 홀, 시끌벅적한 곤드레 밥집이다. 아들의 의도대로 충실히 밥 한 끼 하는 시간이 주어졌을 뿐이다.

파주 헤이리 예술마을로 드라이브를 갔다. 아들의 차에 타지 않고 그녀의 차에 올랐다. 소소한 얘기와 아들의 흉허물을 주저리주저리 읊었으나 그녀의 콩깍지는 오랜 세월에 더욱 더 단단해진 것 같다. 아들의 좋은 점을 일일이 추켜세우는 그녀의 깊은 마음이 어여쁘다.

헤이리 마을 끝 조용한 카페로 자리를 옮겼다. 커피의 온기에 몸을 녹인 채 그녀의 얼굴을 찬찬히 보았다. 거침없이 드러낸 이마가 추수 끝낸 가을 들녘마냥 훤하다. 앞머리를 조금 내리는 게 더 예쁠 거 같다는 내 말에 그녀도 그러고 싶다고 했다. '시원한 이마가 얼마나 보기 좋은데 그걸 가리느냐' 며 아들이 참견을 한다. 순간 고압의 전율이 내 몸을 훑고 지났다. 그 남자도 삼 십 여 년 전에 내게 같은 말을 했었다.

금붕어처럼 작은 입으로 그녀가 웃었다. 가지런치 못한 덧니가 눈에 띄었다. 치열이 고르지 않다는 나의 말에 그게 매력이라는 아들, 아들은 그녀의 남자가 되어 멀리서 올라온 어미는 안중에도 없었다. 서운함보다는 아릿한 마음이 미풍처럼 지났다.

그녀는 나의 오른쪽 팔짱을 낀 채 사분사분한 언어로 나를 녹이지도 않았고 또 그런 여인들과는 거리가 먼 듯했다. 아직은 스스러운 사이지만 수다스럽지도 않고 행동하는 게 수련하다. 요즘 유행하는 킬 힐을 신지 않은 것도 아들의 키를 배려한 것이리라. 하릉거리지 않고 서분서분한 그녀에게서 오래 전 내 모습을 읽는다.

바지런하지 않고 행동이 굼뜬 며느리가 썩 마음에 차지 않았을 우리 시어머니. 시댁 행사 때마다 나를 추켜세운 분이 시 외숙모님이셨다. '질부는 양반이다! 참 양반이니라' 를 서두로 시어른들에게 나를 띄워주셨다. 친정이 멀어 자주 못 가는 나를 염려해서 그러셨을 것이다. 늘 버팀목이 되어 주셨던 그 분도 먼 곳으로 가신지 오래다.

아들은 기억하고 있을까. 가까운 동향의 여인과 결혼하겠다던 어릴 적 그 말을. 명절 연휴면 고속도로에서 보내는 긴 시간이 먼 외가 탓이라 했다. 오전 열시에 출발해도 다음 날 새벽에 도착하는 게 다반사였던 시절이다. 지척에 외가를 둔 사촌과 친구들이 마냥 부러웠던 모양이다. 그랬던 아들이 논산보다 한

참 먼 파주 여인과 인연을 맺으려 한다. 부산과 파주를 잇는 명절 풍경에 무지개 한 점을 얹고 싶다. 거리를 초월한 인연의 고리가 더 단단해지길 소망한다.

그녀의 화목한 가정이 부럽다는 아들의 말이 스산하다. 마음 한 구석에서 얼음 깨지는 소리가 들린다. 싸목싸목 내리는 진눈개비와 더불어 나는 밤을 지새운 채 아침을 맞았다. 치유되지 않은 내 안의 상처가 파도타기를 한다.

물이 선 곳에 사는 딸에게 어머니는 늘 염려의 눈길을 보내셨다. 그때 어머니의 나이는 늙지도 젊지도 않은 회색빛 나이였다. 나도 그 나이가 되니 세월과 추억이 덧셈을 한다.

십이월 끝자락에 길을 나섰다. 붉은 산을 오롯이 품은 강물에 시나브로 젖어든다. 누군가 그리운 날, 삶이 고단한 날, 위로받고 싶은 날, 강물은 내 어머니가 된다. 나이 오십이 넘어도 어머니가 그리운 날이다.

봄날은 간다

세월 탓인지 봄비가 여름 장마처럼 퍼붓는다. 짧은 봄꽃의 향연은 그렇게 스러지고 연녹색 들판은 초록빛으로 짙어졌다. 찬란한 봄빛의 자연 앞에서 삶의 불빛을 잃고 있었다. 몸과 마음으로 봄을 앓는 내내 지루한 봄비는 가슴을 타고 내렸다. 침잠하며 온종일 나만의 공간속으로 빠져 들면서 잠 못 이루는 밤, 긴 시간의 외로움과 고통은 또 다른 나를 만들었다.

내 속엔 내가 너무도 많아 무엇이 진실이고 거짓인지 알 수 없다. 어둠의 공간에서 상상하는 허깨비는 망상과 창작을 넘나들었다. 지나친 감성은 도덕과 양심을 잊기도 했다. 소설도 수필도 그 무엇도 아닌 생각놀이에 빠져 밤을 잊었다. 동트는 아침 해에 밤의 요정들은 시나브로 사라진다. 이성과 감성의 조화는 낮과 밤이 공존하기 때문이다.

'연분홍 치마가 봄바람에 휘날리더라'로 시작되는 가수 백설희가 불렀던 이 노래를, 60대 이상의 시인들이 역대 최고의 노랫말로 뽑았다는 기사를 보았다. 얼큰하게 취기가 올랐을 때 젓가락 장단에 맞춰 불러야 맛이 나는 노래다. 하찮은 유행가 가사가 명시 명언 보다 감동을 주기도 한다. 떨림과 울림이 가슴을 바닥부터 후려치는 날 녹음에 밀려가는 봄빛의 그림자가 흔들린다.

나이가 들어가는 것은 늙는 게 아니고 익어가는 것이란 말은, 인품이 잘 익은 노년을 두고 하는 말이다. 노년의 향기는 홍차를 닮았다. 헐렁한 삶 속에서 자연과 우주를 품어볼 날이 얼마나 남았을까. 그리운 사람들이 더 그리운 날이 있다. 적당한 외로움과 그리움은 마음의 지경을 넓혀 준다. 차 한 잔에 마음의 눈빛이 머무는 날이다.

여자 나이 50대는 복잡 미묘한 감정의 교차로다. 가족에 대한 의무나 과제로부터 벗어나는 진정한 자유인이 되기도 한다. 그런가 하면 기억력과 집중력이 급격히 떨어지며 신체의 반란이 온다. 간혹 빈 둥지 증후군을 앓기도 하지만 묵은 된장처럼 깊어지는 나이이기도 하다. 가을빛으로 달리는 몸과 달리 언제나 봄빛인 마음의 부조화 속에서, 원만한 마음 가꾸기가 어디 쉬운 일인가.

신생아처럼 밤낮없이 꿈속을 헤매다 저승 잠이 이런 것일지 모른다는 생각이 들기도 했다. 어떤 날은 달아난 잠을 쫓는 술래가 되어 밤새도록 숨바꼭질을 했다. 여러 곳에서 보내는 몸의 비명에 마음마저 허물어진다. 사춘기 아이마냥 감정의 기복을 숨기지 못하고 조증 울증을 넘나든다. 나 아닌 타인의 모습에 낯설고 혼란스럽다.

암각화를 닮은 초로의 여인은 세상을 두루 감싸는 나이다. 다소곳한 음전함도 매혹적인 향기도 나지 않는다. 걸쭉한 농담을 빚는 여인은 막걸리를 닮았다. 막걸리 여인에게서 상큼한 사이다와 달콤한 와인 맛만 기억하는 그 마음은 무엇일까. 낙엽 냄새 가득한 중년의 여인에게서 풀빛 신부를 그리는 그의 넋두리는 진행형 메아리다.

일상의 소소함에서 만나는 작은 들꽃과 풀꽃에게 사랑스런 눈길을 주는 나이도 중년이다. 그동안 뭣하며 살았던가! 욕심과 이상으로 치닫느라 진작 소중한 것을 잃지 않았던가. 가까이 낮은 곳에서 들리는 자연의 소리에 행복을 담는다.

보름달이 어둠을 삼키는 밤 서걱대는 댓잎 소리에 잠이 깼다. 외로워 서로의 몸을 비비는 소리라 했던가. 바람은 달빛을 사모하는 환쟁이 스토커다. 방문에 그려진 수묵화에 보름달, 반달, 초승달이 젖어든다. 문풍지가 수없이 흔들리는 밤 난 그들의 밀어에 귀 기울인다. 어둠과 달빛 사이로 봄비가 내리고 사랑도 권력도 봄날처럼 그렇게 떠나간다.

U. NO. 1031873

고 3을 코앞에 둔 아이의 몸에서 사리가 나왔다. 필름통 크기의 플라스틱병에 가득 찬 사리는 수십 개를 넘었다. 성인 엄지손톱만 한 것부터 녹두알만한 것까지 크기와 모양이 다양하다. 윤기 없는 암갈색 사리는 아이의 마음처럼 어둡고 딱딱했다. 가슴 안에 담겼던 분노의 씨앗들이 시원하게 쏟아졌다.

간헐적인 아픔이 격한 통증으로 주기적인 반복이 거듭되었다. 마치 산통을 겪는 산모처럼. 몇몇 병원을 순례했지만 진단 결과는 한결같았다. 입시 스트레스에서 오는 심리적인 현상이라며 대수롭지 않게 말했다.

방학을 맞은 아이와 함께 내과 전문의를 찾았다. 대기실에 꽉 찬 환자들을 보니 명의를 찾은 듯 착각이 인다. 문진을 마친 의사는 약속이나 한 듯 똑 같은 결과로 진단을 내렸다. 진료 결과를 믿을 수 없다는 나의 말에 의사 표정이 일그러졌다.

아이는 오른쪽 옆구리를 비롯하여 가슴과 오른쪽 등이 아프다며 지속적인 통증을 호소했었다. 오한과 식은땀을 흘리며 속이 메스껍다기에 위경련을 생각하기도 했다. 순간 번개처럼 튀어 나온 말이 "혹시 담석증은 아닌지요?" "증세는 그렇지만 노인이나 중년도 아닌 10대 학생에겐 가능성이 없는 얘깁니다." 시큰둥한 의사의 반응에 나도 떫은 표정의 물음표를 보냈다.

그간 아이의 상태로 보아선 담석증이라는 확신이 들었다. 초음파를 찍어보자는 내게 의사는 반감을 표했다. 의료보험 종목이 아니라는 말에 힘을 주는 것은 괜한 돈 날리지 말라는 묵언의 암시다. 결과는 내 예감대로 적중했다.

까만 영상 속에는 하얀 그림자가 알알이 박혀 있었다. 밤하늘의 별자리를 옮겨 놓은 듯 무수히 많은 별들이 보인다. 말문이 막힌 의사는 탄식어린 감탄사를 연발하며 소견서를 썼다. 매서운 겨울바람이 불던 새벽에 B대학병원으로 향했다. 병실 안 침대에 수술을 앞 둔 환자들이 나란히 누워 있었다. 다섯 명의 동기들이 서로를 바라보며 불안과 초조의 눈빛들이 교집합을 이루는 순간이다.

30대 후반부터 50대 아저씨들 사이에 낀 아이는 동물원 원숭이 신세다. 어린 학생이 어쩌다 왔냐는 느낌표와 물음표다. 무섭고 두렵다며 아내를 달달 볶는 아저씨의 엄살에도 아이는 침묵했다. 매도 먼저 맞는 매가 낫다는데 아이는 만약 있을 변고에 대비해 마지막 순번이 되었다. 뇌전증을 앓고 있다는 게 이유였다.

수술실에서 나온 아저씨들 모두가 마취에서 깨어나는 순간 고통의 신음 소리로 병실을 덮었다. 괴성을 지르는 그들을 보며 아이는 극도의 불안 증세를 보였다. 전신마취였음에도 불구하고 몸을 떨며 주먹을 움켜쥐는 바람에 의료진들을 긴장시켰다. 담당 의사가 우리를 불렀다. "조금만 늦었어도 큰일 날 뻔했어요! 미련한 건지 참을성이 많은 건지…." 터지기 일보직전에 온 게 그나마 다행이라며 의료진들이 쑤군댄다. 보통 몇 개의 돌이 나와도 그 고통 또한 참기 어려운데 이 많은 것을 넣고 있었다니.

암갈색 담석은 제주도 돌빛을 닮았다. 역사의 아픔을 오롯이 품은 그 돌처럼 울분의 깊이에 따라 담석 빛도 다른가 보다. 아저씨들의 담석은 황갈색과 보라색이 감돌고 아이의 것은 유난히 탁한 갈색빛이다.

담석은 콜레스테롤 성분량에 따라서 색소성 담석과 콜레스테롤 담석으로 분류된다. 색소성은 주로 검은색이나 갈색을 띠며 동양인들에게 많다. 콜레스테롤 함유량 70% 이상 담석은 서양인들에게 자주 나타난다고 한다. 서구화된 식생활로 인하여 지나친 콜레스테롤 증가와 비만, 고령, 세균 감염 등이 원인이 되어 발병하기도 한다.

늦은 봄, 강원도 고성에 있는 금강산 건봉사를 찾았다. 부처님 진신 치아 8과가 이곳에 모셔져 있다. 처음 뵌 부처님의 사리 친견은 경이로운 경험이었다. 개인의 종교를 떠나 합장이 절로 나왔다. 치아도 담석처럼 고뇌의 빛이다. 엄숙함과 두려움이 교차되는 공간에서 나 홀로의 고립에 잠시 현기증이 일었다. 찬란한 오로라의 블랙홀에 빠져 꿈을 꾸듯 그곳을 나왔다.

조개가 진주를 품듯 아이는 고통의 씨앗을 품었으리라. 고통 속에는 창조의 씨앗과 즐거움의 씨앗이, 즐거움 속에는 고통의 씨앗이 공존한다. 조개 속으로 모래알이 굴러 들어오면 조개는 빠른 속도로 반응하며 나카라는 물질을 생성해 모래알을 둘러싸기 시작한다.

조개 속에 들어오는 모든 이물질이 진주가 되는 것이 아니고 조개의 선택에 따라 달라질 수 있다. 조개가 모래알을 받아들이면 모래알로 인해 병이 들어 죽기도 한다. 버리지 못한 담석을 말갛게 씻어내며 아이에 대한 기도문을 읊는다. 오랜 시간의 인내가 아름다운 진주를 만들 듯 U. NO. 1031873(진료번호)은 아이가 품은 흑진주였으리라.

길에서 만난 남자

수 십 억 인구 중 한 사람과 부부 연을 맺는다는 것이 보통의 인연은 아닐 것이다. 근사한 곳에서 좋은 사람을 만나 행복한 미래를 상상했었다. 하지만 꿈과 현실은 거리가 멀었다.

어느 해 겨울이었다. 남포동 골목길에서 그 남자와 일행들을 만났다. 그들은 다섯 명의 건장한 사내들이었다. 여고 동창들과 야간열차를 타고 1박2일의 부산 나들이에 나섰다. 우리는 잠은커녕 온종일 다니느라 몸이 파김치가 되었다. 숙소를 찾아 여기저기 헤매도 빈 방이 없었다. 크리스마스 날은 여관도 대목이라고 했다.

저녁식사 후 식당을 나서는 우리에게 그의 일행이 따라와 행선지를 물었다. 숙소를 찾고 있다는 우리들에게 그들이 회심의 미소를 짓는다. 방을 구해 주겠다는 그들을 따라 나섰다. 조방

앞에 숙소를 정하고 우리는 함께 어울렸다. 운동선수였던 그들은 놀이문화에 익숙했지만 우리는 순진한 숙맥들이었다. 늦은 밤 그들이 돌아가고 우리는 곯아 떨어졌다.

다음날 일정을 마치고 부산역에 들어서는 순간 낯익은 그가 다가섰다. 오늘 올라간다기에 무작정 기다렸다며 연락처를 달라고 사뭇 졸랐다. 어제 같이 어울리긴 했어도 그는 내 짝이 아닌 친구의 짝이었다. 그러고 보니 어제도 유독 나에게 관심을 보였었다. 별다른 생각 없이 주소를 적어주었다.

며칠 후 그의 연하장을 받았지만 관심 밖의 사람이라 답장을 하지 않았고 다시 편지가 왔다. 답을 주지 않는 나에게 섭섭함과 예의 없음을 꾸짖었다. 그렇게 시작된 우리의 인연은 만나고 돌아서길 반복하며 명주실처럼 이어졌다.

결혼 얘기가 오가며 부모님은 심한 반대를 했다. 건장한 몸 외엔 아무 것도 가진 것 없는 그였다. 단칸방조차 구할 형편이 되지 않았던 사람. 배고픔 모르고 자란 나는 세상 모르는 철부지였다. 부모 눈에는 가시밭길로 향하는 딸의 앞날이 훤히 보였을 것이다. 사랑만 있으면 모든 것이 해결되는 줄 알았던 때다. 필요에 따라 사랑도 움직인다는 것을 먼 훗날이 되어서야 알게 되었다.

꿀처럼 달고 깨소금처럼 고소하다는 신혼은 나와는 거리가 먼 이야기였다. 감성과 자유로움이 충만한 그와 이성과 합리적인 사고를 지닌 나와의 결합은 처음부터 어울리지 않았다. 어쩌면 물과 기름 같은 사이였다. 참고 견디면 달라지겠지 라는 마음으로 수없이 기도하며 기다렸지만 조금도 달라지지 않았다.

그 사람의 모든 것은 좌우 돌아보지 않는 일방통행이었다. 생각과 행동 자라온 환경이 달라도 너무 다르다. 자유로운 그의 기질이 시시때때로 힘들게 했지만 운명이려니 했다. 나에게 부산이란 도시는 타국이나 마찬가지였다. 알아들을 수 없는 시끄러운 말씨는 나를 더 외롭게 했다. 같은 경상도 말이라도 부산 말투는 상냥함과는 거리가 멀었다. 뚝뚝 부러지는 말끝에 위 아래 구분 없이 하대하는 사람들이 두려웠다.

충청도 고향 바람은 이곳처럼 세찬 바람이 아니었다. 세찬 바람은 이방인을 더 힘들게 했다. 겨울바람을 맞으면 저절로 눈물이 흘렀다. 마음이 추웠기 때문일까. 사람이 그리웠지만 마음 한 조각 나눌 수 있는 친구도 없었다. 나는 어항속의 물고기가 되어 그가 던져준 밥에 길들여져 갔다.

언덕이 되어 준다는 친정은 생각조차 할 수 없었다. 내 스스로 택한 길이기에 누구를 원망하거나 기댈 수 없었다. 아프거나 힘들어도 혼자 삭이고 일어서야 했다. 친정식구 앞에서는 광대가 되어 그들의 노파심을 잠재워야했다. 마음 깊은 곳에 분노와 슬픔의 샘을 파 그곳에 나를 가두었다.

길에서 만난 남자, 길에 버리고 싶을 때가 수없이 많았다. 참고 살아온 세월이 반세기의 반을 넘어섰다. 벌칙도 각서도 그에겐 무용지물이다. 영혼도 몸도 자유로운 그는 어쩌면 결혼 자체가 멍에였는지 모른다. 인연의 고리를 자르려는 나와 고리를 움켜 쥔 그는 놓을 줄을 모른다.

버선코처럼 각을 세웠던 감정의 모서리들도 시간 속에 묻히고 있다. 나이 든다는 것은 익어가는 것이기에 쉽지만은 않다. 삶은 지혜를 지혜는 삶에게 서로를 가르친다. 부모님과 함께 한 날보다 더 많은 세월을 그와 보냈다. 식성과 습관을 조금씩 닮아가는 게 어쩌면 부부인지도 모른다.

부부는 보이지 않는 거울이다. 그의 모습에서 나를 보고 내 모습에서 그를 본다. 그와 나는 서로의 자화상을 그려주는 화가가 되어 인생의 물감을 들인다.

제4부

그리움은 산이 되어

어릴 적 친정집은 각종 나무들로 숲을 이루었다. 울창한 대나무 숲에서 들리는 댓잎소리는 계절마다 다른 소리를 냈다. 엄나무와 가시오가피는 마을 사람들의 민간요법 치료제로 쓰이기도 했다. 뒤란 장독대의 자목련이 피기 시작하는 사월은 마을을 환하게 비추었다. 넓은 마당엔 수령이 꽤 오래 된 배롱나무와 큰 둥치의 살구나무가 있었다. 사립문 밖에는 개복숭아나무들이 신작로까지 터널을 만들어주었다. 하늘을 가릴 만큼 큰 미루나무는 바람을 쉬게 해 주며 키 작은 대추나무와 더불어 운치를 더했다.

많은 식구들의 뒷바라지에 늘 바쁜 엄마는 그다지 나무들을 좋아하지 않으셨다. 각종 벌레와 낙엽들 때문에 일손이 부족하다는 이유였다. 뒤란의 자목련이 만개하면 초대장 없는 아낙들의 쉼터가 되어 질펀한 삶을 푸는 장소가 되기도 했다.

그날도 누군가 말했다. "이 집 목련꽃이 피면 온 마을이 다 환해" 그랬던 목련나무가 어느 날 감쪽같이 사라졌다. 장독에 그늘이 들고 낙엽 때문에 일이 많아 베었다는 것을 이해할 수 없었다. 그 후 엄마는 우리들에게 두고두고 원망을 들어야 했다. 엄마의 나무 베기는 계속 되었다. 그 많던 대나무와 복숭아, 살구나무들도 흔적 없이 사라졌다.

살구가 익어갈 무렵이면 한 해도 빠짐없이 찾아오던 꾀꼬리 한 쌍이 있었다. 초록과 진노랑의 화려한 빛, 고운 음색. 늘 제비와 참새만 보던 우리들에게 낯선 꾀꼬리의 아름다움은 신비 그 자체였다.

초등학교 때의 하굣길이었다. 낯선 아저씨들이 텃밭 초입에 있던 미루나무를 베고 있었다. 나무는 우웅~우웅 큰소리로 울었다. 톱질 소리보다 더 큰 소리로 통곡을 했다. 어른들은 시원한 웃음까지 날렸다. 내 가슴은 미루나무의 처절한 울음소리로 방망이질을 쳤다. 얼마 후 굉음소리를 내며 나무가 쓰러졌다. 읍내의 성냥공장으로 팔려 간 미루나무는 먼 훗날 성냥이 되어 다시 돌아왔다. 죽어서도 옛집이 그리웠었나 보다. 나무도 귀소본능이 있는 것일까.

할아버지께서 앞마당의 배롱나무를 베었다. 객사한 장남을 두고 마을 사람들이 입을 댔기 때문이다. 사람들은 좋지 않은 일을 두고 늘 남의 탓으로 돌린다. 이런저런 이유로 사라진 나무들의 자리에는 새로운 생명들이 자란다.

금정산 산행을 다닌 적이 있다. 그때 이웃 아파트에 사는 E 여인을 알게 되었고, 그녀는 생김새도 말씨도 늡늡했다. 첫 만남부터 붙임성 좋은 성격에 싹싹하게 다가왔다. 아침 10시면 어김없이 우리 집 인터폰이 울린다.

어느 날 아침이었다. 그녀는 들어오자마자 배고프다며 밥을 달라고 했다. 식성 좋은 그녀는 밥그릇을 순식간에 비웠다. 다음날도 그 다음날도 맡겨 놓은 밥처럼 미안함도 없이 늘 그랬다. 당당한 하숙생이 되어 가는 그녀의 무람없는 행동에 나도 거리를 두기 시작했다. 그녀가 올 시간에 일부러 외출을 하거나 가끔은 없는 척을 했다. 불쑥 찾아온 그녀가 우리 집 현관문 비밀 번호를 묻기도 했었노라고 아들이 전했다. 갑작스런 그녀의 변화에 나도 당혹스럽긴 마찬가지였다.

그 후 그녀는 우리 집에 오지 않았다. 이상한 예감에 그녀의 집으로 향했다. 소파에 앉은 그녀가 나를 빤히 쳐다봤다. 정신줄을 놓은 그녀에게 나는 아무 말도 못한 채 돌아섰다. 조기치

매 환자가 된 그녀는 건강한 몸 때문인지 급속도로 진행이 빠르다고 했다. 현대의학과 명의도 그녀의 병명에는 속수무책이었다.

서울에 있는 큰 병원들을 순회하고 돌아온 그녀에게 더 이상의 희망은 없었다. 세 아이들의 얼굴도 잊은 채 남편만을 기억한다는 것과, 끊임없이 먹어대는 식욕이 전부라 했다. 그녀의 소식이 끊긴지 오랜 시간이 지났다. 아마도 천국에서 산을 타고 있으리라. 나이 탓일까, 나무와 숲이 좋아 가끔 산에 오른다. 그녀와 함께 걷던 금정산으로 발걸음을 재촉했다. 파리봉 자락으로 그녀의 잔영이 흩어진다.

가을 소나타

바람은 가을을 몰고 왔다. 9월은 여름과 가을의 교차로다. 가을에 밀려난 여름이 저 만큼 멀어져 간다. 달리는 것은 계절뿐이 아니다. 강물이 달리고 갈대와 나무들도 넘어질 듯 달린다. 지친 풀잎이 숨을 헐떡이며 쓰러진다. 단거리 선수들 경기가 열린 듯 착각이 인다. 낮은 산자락 위에 노니는 구름이 빠르게 변신한다. 산은 꼬리를 잇는 기차처럼 길게 누웠다. 달리는 여름을 향해 노을의 축제가 펼쳐진다.

우뚝 선 고사목들이 줄지어 바람을 맞고 있다. 하얀 포말을 일으키는 강물 위로 파도가 넘실댄다. 키다리 갈대는 수수열매 같은 꽃을 매달았다. 콩밭 사이의 붉은 수수는 우리들이 즐겨 먹던 간식이다. 검붉은 껍질 속에 살포시 들어앉은 수수열매의 맛을 잊을 수 없다. 늦여름 저무는 소리에 우리의 추억도 함께 익어간다. 강변의 고사목은 죽어서도 다른 생물들에게 버팀목이 되었다. 흐르는 시간과 자연은 서로를 보듬고 위무하는 연인이다.

그녀를 만난 게 아이들 초등학교 학부모 모임에서였다. 가을을 심하게 앓는 그녀는 행동과 말이 속사포처럼 빨랐다. 우리 아이들과 학년이 달라 학교 운영위원 모임 때 마주하는 시간이 전부였다. 내가 살던 아파트에 그녀가 이사를 왔다. 더구나 같은 동, 한 라인의 이웃이 되었다. 극성스러울 정도의 교육을 하는 그녀와 다르게 나는 방목에 가까웠다.

그녀의 큰아이는 영특했고 다양한 재주에 준수한 외모를 가졌다. 작은아이 또한 티브이 단막극에 나오는 아역 탤런트다. 큰아이 뒷바라지와 작은아이 촬영 스케줄에 그녀는 늘 바빴다. 몰아치는 그녀와 따르는 아이가 측은했다.

모범생이던 그녀의 큰아이가 혈액암을 앓는다는 소식을 들었다. 그때 겨우 아홉 살이었다. 그녀는 서울과 부산을 오르내리며 치료에 매달렸다. 힘든 항암치료를 받는 과정에서 나 또한 벗어날 수 없었다. 입원과 퇴원을 반복하는 동안 그녀의 하소연 대상이 늘 나였다. 병원에서 일어나는 어두운 이야기와 그녀의 신세타령은 끊임없이 이어졌다. 온종일 지저귀는 그는 지치지도 않았다. 마치 입술의 언사를 받은 것처럼 그녀의 빠른 말이 미끄럼을 탄다. 오히려 들어주는 내가 지치고 기가 빠졌다.

좋아지던 아이가 급속도로 나빠지며 골수이식만이 살 길이라고 했다. 다행히 동생의 골수와 잘 맞아 수술도 성공하고 아이의 건강도 좋아졌다. 이제는 재발하지 않도록 조심만 하면 된다는 그녀는 모처럼 활짝 웃었다. 공기 좋은 곳을 찾던 그녀는 화명동에 새 보금자리를 틀었다. 휴학을 했던 아이가 5학년이 되었다. 그리고 이듬해에 어린이 회장 선거에 나간다는 소식을 들었다. 완치 판결이 내리지 않은 아이를 또 다시 경쟁 속으로 몰았다. 우리는 그런 그녀를 이해할 수 없었다. 간간히 그녀가 들려주는 일상이 지극한 평온한 날이었다. 그리고 얼마 지나지 않아 아이의 병이 재발되었다는 소식을 들었다. 두어달 병원에 머물던 아이는 영영 돌아오지 않았다. 아이의 고통을 오래 지켜봤던 그녀는 오히려 담담했다.

살아 있는 곰의 쓸개에 호수를 꽂아 쓸개즙을 뽑고 있었다. 쇠사슬로 묶인 새끼 곰의 절규에 어미 곰은 더 이상 견디지 못했다. 떨어져 있던 어미 곰은 철창을 부수고 새끼 곰에게 뛰어갔다. 상상을 초월한 힘이었다. 이를 본 농장 일꾼이 놀라서 도망했다 한다. 쇠사슬을 끊으려 했지만 끊을 수 없었던 어미 곰은 새끼 곰을 끌어안아 질식시켜 죽였다. 자신의 새끼를 죽인 어미 곰은 스스로 벽으로 돌진하며 머리를 부딪쳐 죽었다. 동물이 자살했다는 소식은 금시초문이다. 인간의 잔인함이 도를 넘어섰다.

자식의 울부짖는 소리는 부모 가슴을 저미게 한다. 사는 게 더 고통일 때 우리는 죽음을 두려워하지 않는다. 삶의 평화는 그냥 오지 않는다.

사랑

이른 아침이었다. k전화국에서 나온 직원들이 아파트 입구에서 외쳤다. "사랑합니다. 고객님!" 지나는 모든 이들에게 허리를 굽히며 복창을 했다. 사랑은 마음과 눈빛으로 전하는데 그들의 표정은 사랑하고는 관계가 멀었다. 그들의 시선과 외침이 부담스러워 둘러오는 길을 택했다.

고귀하고 아름다운 사랑이란 단어가 어쩌다 교묘한 상술이 된 것일까. 우리 세대에게 사랑이라는 말은 손님처럼 어렵기만 했다. 가슴속 깊이 숨겨놓은 보석처럼 혼자만의 것이었다. 그러다 보니 지금도 서툴고 쑥스럽기는 마찬가지다. 자주 읊어주면 값이 떨어질 것 같고 적정 수준에 맞추려니 그 또한 어렵다. 사랑은 숫자의 계산이 아니다. 마음과 마음이 움직이는 떨림이다.

사랑은 기쁨과 행복을 주기도 하지만 인내와 고통이 따른다.

묘약 같은 것이다. 잘못된 사랑은 명예와 모든 것을 한 순간에 잃기도 한다. 사랑은 나이, 학력, 국경을 초월한다 하지 않던가. 눈 먼 사랑에 돌을 던지다 나도 가끔은 꿈을 꾼다.

백석의 연인 김영한은 삼천 억을 백석의 이름으로 기부했다. "아깝지 않느냐"는 기자의 질문에 "그 사람의 시 한 줄만도 못하고 받은 사랑에 비하면 보잘 것 없다"고 했다. 백석이 가장 보고 싶을 때가 언제인지의 물음에 "사랑하는 사람을 생각하는데 때가 있나." 평생을 절절하게 사랑한 여인에게 세상의 잣대는 얼마나 작고 유치했던가.

시골 읍내에 있는 중학교를 다녔다. 학교 뒷동산의 푸른 숲이 청라의 언덕처럼 고왔다. 숲속엔 아카시아 나무가 많아 오월의 교정은 꽃향기로 가득했다. 사춘기 소녀의 사랑이 시작된 것도 그 무렵이다. 국어 선생님의 일거수일투족이 내 정보망에 들어왔다. 한 번도 느껴보지 못한 야릇한 떨림이 가슴을 흔들었다.

깡마른 몸매에 까만 뿔테 안경과 웃을 때 살짝 보이는 덧니도 멋져 보였다. 교과서 한 권으로 진행되는 수업. 천재의 두뇌를 가진 만물박사처럼 선생님은 박학다식했다. 어떤 선생은 학년이 끝나가도 학생들 이름을 잘 몰랐다. 하지만 선생님은 달랐다. 수백 명의 학생 이름과 번호를 짧은 시간에 외웠고, 일사천리로 진행되는 수업의 흐름과 깊이는 상당한 수준이었다. 박식한 지식과 더불어 화를 내거나 매를 든 적도 없으며 누구에게나 경어를 쓰셨다. 선생님이 좋으면 그 과목도 좋아하는 게 학생들이다. 나 역시 국어 교과서를 통째로 외우며 선생님의 언저리에서 맴돌았다. 우리들과 나이 차도 적었고 더구나 총각 선생님이다. 우리 모두는 가슴앓이 사랑을 하며 공공의 적이 되었다.

멀리서 걸어오시는 모습만 봐도 찬란한 빛이었고 가슴은 사정없이 뛰었다. 사랑과 재채기는 속일 수 없다더니 무조건 국어 공부에 올인 했다. 궁녀들이 상감의 총애를 받기 위한 모습과 별반 다를 게 없었다. 그러던 어느 날 검사받는 일기에 세상의 끈을 놓고 싶다는 표현을 했다. 그 후 선생님은 또 다른 시선으로 바라보시며 관찰을 하셨던 것 같다. 아마도 문제의 소지를 지닌 제자였을 것이다.

이듬해에 선생님은 타 시의 고등학교로 전근을 가셨다. 갑작스런 소식에 마음의 방황이 시작되었다. 선생님과 함께 하지 않는 학교생활은 아무 의미가 없었다. 1년의 힘든 고비를 넘길 수 있었던 것은 끊임없이 이어주던 선생님과의 편지였다.

몇 년 후 선생님은 K 사범대 국문과 교수로 가셨다. 그 후 결혼을 하셨다는 소식도 들렸다. 수도자에 가까운 삶을 사셨던 분이 가정을 꾸리셨다는 것이 믿기지 않았다. 그 후 편지도 자연스레 끊어졌다.

5월 어느 날이다. 9시 뉴스를 보면서 늦은 저녁을 먹고 있었다. 카이스트 대학원 실험실에서 폭발사고가 났으며, 박사 과정에 있던 선생님의 아들이 현장에서 생명을 잃었다고 한다. 자막 속보가 계속 떴다. 망연자실한 선생님의 모습을 더 이상 바라볼 수 없어 티브이를 껐다. 가슴이 먹먹하다.

원하지 않아도 찾아오고 보내지 않아도 떠나는 게 사랑이라 했다. 뜻하지 않은 불행도 그랬다. 한치 앞도 알 수 없는 게 우리의 삶이다. 생명을 주관하는 신의 세계가 궁금하다.

5대 독자를 잃은 선생님은 위로금에 사재를 보태 아들 이름의 장학회를 만들었다. 세 번째 소설집 출간과 그 지역 문인협회장이라는 것도. 인연의 끈은 끊임없이 바람 같은 소식을 들려주었다. 푸르른 5월의 햇살처럼 다가왔던 내 마음의 사랑은 가고 없다. 이젠 그날이 오면 선생님을 만날 수 있다. 티브이와 일간지에서.

나는 조각 난 퍼즐 속에 아린 마음을 묻고 또 묻는다.

이여사의 가을나기

선운사 초입에서 가을을 만났다. 아름드리 늘어 선 고목들이 붉은 카펫을 깔았다. 도솔천 계곡에 반영된 꽃무릇이 선녀의 나신마냥 어지럽다. 절절한 그리움을 품고 다시 태어나 온 몸으로 운다. 이루어질 수 없는 사랑의 절규가 붉은 핏빛을 토한다. 도솔암 오솔길이다. 바랑 하나 짊어진 채 산사를 오르는 선승. 하나의 풍경이 된다. 그의 뒷모습을 한참이나 훔쳐봤다. 선운사 종소리가 석양빛을 흔든다. 투둑 툭 떨어지는 나뭇잎의 비명, 주막집 여자의 육자배기 가락보다 더 애달프다.

공주 영평사에 가을이 짙다. 은은한 소금빛으로 덮인 장군산은 흡사 눈 쌓인 겨울 산인 듯 했다. 해우소의 지붕까지 구절초가 피었다. 발길 닿는 곳 눈길 머무는 곳마다 꽃 천지다. 조용하던 사찰이 사람멀미를 한다.

자원봉사자들의 손길로 만드는 점심 국수가 별미다. 길게 늘어 선 꼬리에 슬며시 다가섰다. 담백하고 시원한 국물이 식욕을 돋았다. 사찰 마당의 수많은 장독이 간이 식탁이 되어 운치를 더했다.

유리 다관에 담겨진 연한 겨자빛이 아름답다. 초야를 치르지 않은 신부마냥 부끄럽고 앳된 모습이다. 뜨거운 꽃차는 식도와 위장을 타고 머리에서 발끝까지 애무를 한다. 장군산 꽃밭으로 향했다.

마디가 아홉이라 구절초라는 이름이 청순하고 소박하다. 꽃 속에 앉아 있던 어머니가 손짓을 한다. 사진 한 장 찍어 달라신다. 주름살 보기 싫다며 한사코 손사래 치시던 분이 아니었던가. 눈과 마음에 담으라 했더니 핸드폰으로 찍어 달라신다. 아무리 찾아도 쓸 만한 사진이 없다고 어머니가 낮게 중얼댔다. 꽃밭에서 떠날 준비를 하시는 어머니의 등 너머로 꽃상여가 아른댄다. 그날 우리는 유정한 마음을 담아 꽃잎 속에 꽁꽁 숨겼다.

늦가을 청도를 찾았다. 사방으로 펼쳐진 산머리에 구름 꽃이 피었다. 붉은 홍시는 나무마다 꽃등을 걸었다. 운문사의 골짜기는 불꽃처럼 훨훨 타올랐다. 바뀐 잠자리 탓도 없이 푹 잠든 게 신기하다. 아마도 맑은 공기와 산의 기운일 것이다.

동양의 나폴리 통영에서 사흘을 묵었다. 푸른 바다 위로 떠오르는 장엄한 일출이 가슴을 뛰게 한다. 바다를 끼고도는 둘레 길에 발자국을 찍었다. 마주 보이는 어촌 마을과 낯선 섬들, 그림 같은 풍경들이 시시각각 지난다. 산양면 일주로를 달리며 달아공원으로 향했다. 석양에 지는 일몰의 아름다움에 잔잔한 슬픔이 인다. 밀레의 만종이 오버랩 되며 교만과 시린 마음의 싹이 용서와 사랑으로 녹아든다.

원동을 지나 배냇골로 접어들었다. 꽃보다 아름다운 단풍은 낮은 산자락의 병풍이 되었다. 불붙은 가을 산이 최후의 용틀임을 한다. 능선을 이룬 골짜기마다 붉은 용암은 뜨거움을 토했다. 남은 열정을 모두 태우는 한 편의 전위예술이다. 인생의 황혼도 가을 산처럼 아름답게 승화되길 소망한다.

바람, 물빛, 드리워진 찻집에 들어섰다. 손님 없는 텅 빈 공간이 늦가을 서리 맞은 들판 같다. 몸으로 마음으로 앓는 가을이 이미 저 만치 가고 있다. 계절은 원하지 않아도 찾아오고 보내지 않아도 떠나갔다.

속절없이 저무는 늦가을에 방황의 마침표를 찍었다.

화火

눈 쌓인 산길을 홀로 걸었다. 오후에 접어든 시간 탓인지 설산은 또 다른 섬이 되어 나를 가둔다. 솔바람과 바스락거리는 낙엽 소리가 울림의 배가 되어 정적을 깬다. 인적 끊긴 산길은 이미 산 그림자들의 놀이터였다. 까~아~깍! 까마귀 소리가 불안의 공포로 나를 꽁꽁 묶었다. 죽음 같은 고요가 산을 덮자 갑자기 사람 소리가 그리워졌다. 세상과 소통하는 관계의 끈이 소리이었음을 깨닫는다.

산 중턱 솔숲에서 잠시 숨을 고르다 하산 길로 접어들었다. 떨어진 솔잎과 낙엽이 주단을 깔았다. 푹신한 발의 감촉에 마음과 몸이 스르르 녹아든다. 오솔길은 홀로 걷거나 둘이 걸어도 좋은 길이다. 멋스런 자태나 기품은 없지만 고만고만한 소나무들이 서로를 보고 있다. 방울방울 맺힌 솔방울 또한 볼품

없이 작은 것들이다. 이들이 숲을 만들고 산을 만든다.

얼마쯤 내려오자 몇 미터 전방에 검은 잠바 차림의 키가 큰 사내가 보인다. 사내는 나를 향해 큰 걸음으로 성큼성큼 걸어오고 나는 온 몸의 촉을 세우며 그에게로 걸었다. 산자락 외길은 누군가 먼저 비켜서야만 겨우 지날 수 있다. 산중에서 혼자 낯선 남자를 만나 보라. 그 존재의 두려움은 상상 이상이다.

가끔씩 일어났던 흉흉한 사건들이 뇌리를 스쳤다. 힘없는 오륙십 대 여인들을 표적으로 삼았다는 얼마 전 뉴스를. 그렇다면 난 꼼짝없이 사내의 먹잇감이지 않은가. 날렵하거나 민첩하지도 않으며 달리는 재주는 더욱 없으니 모든 게 불가항력이다.

오봉산에서 오십대 여인의 변사체가 발견되었다고 티브이에 자막이 뜬다. 아! 이렇게 떠나다니 여기까지구나…. 최후의 만찬은커녕 '안녕'이란 작별 인사도 남기지 못하다니…. 순간 채 마치지 못하고 나온 설거지와 욕실 앞에 널부러진 빨랫감들이 떠올랐다. 남은 가족들 보다 시답잖은 일거리가 왜 먼저 떠오르는지.

사내와의 거리가 점점 가까워지며 흐르던 식은땀은 찬 서리를 맞은 냥 온몸이 으스스 떨려온다. 한 걸음 한 걸음 발길이 죽음을 향한 발걸음처럼 더디고 무겁다. 마음과 달리 자꾸만 커지는 심장 소리가 사내에게 들릴 것 같아 숨을 꼭 참았다. 이윽고 서로의 숨소리를 들으며 마주한 순간 하마터면 비명을 지를 뻔 했다.

온몸을 방한복으로 무장한 나는 차도르를 두른 여인처럼 까만 눈만 내놓고 그가 지나길 기다렸다. 검붉은 얼굴에 움푹 들어간 눈과 꽉 다문 입술을 훔쳐보았다. 엄동설한에 맨발도 부족했던지 무릎까지 걷어 올린 바지자락에 칼바람이 인다. 화가 잔뜩 난 표정이 독수리처럼 매섭다. 살구빛 종아리와 발등은 도화빛으로 물들어 얼핏 보니 장화를 신은 듯 보였다. 사내의 걸음은 보폭이 크거나 작지도 않은 빠르거나 천천히도 아닌 사유 깊은 걸음이었다.

사내가 담고 있는 불덩이는 무엇일까. 사노라면 가슴에 불덩이 한두 개 없는 자 어디 있겠는가. 분노와 절망 노여움이 쌓이면 화火가 되어 마음의 불로 남는다. 다스리지 못한 불은 몸과 영혼 모두를 앗아간다. 한국 사람들에게 많은 마음의 병이 화병火病이다. 1996년 미국 정신과 협회에 로마자로 Hwabyeong이라고 공식적으로 등록이 되었다. 한국의 문화의존증후군이라고.

살아 보니 참는 게 능사는 아니었다. 누구나 순조로운 삶을 원하지만 그게 어디 쉬운 일인가. 인연을 맺고 만드는 것도 어렵지만 잘못 만든 인연의 고리를 끊는 것은 더 더욱 어려운 일이다. 이런저런 일들을 겪으며 속으로 삭인 울분이 반란을 일으켰다. 머리부터 발끝까지 경고등이 켜졌다. 그간 잔병 없이 무탈했기에 별 신경을 쓰지 않았었다. 몸 안에서 들리는 불협화음이 게으른 주인에겐 들리지 않는 모양이다.

천만 번을 강조해도 지나치지 않은 게 건강이다. 가족에게 짐이 되지 않으려는 최소한의 배려가 나의 자존심이기도 하다. 소중하고 귀함은 시련을 겪은 후에 얻게 된다. 소나무는 송진을 만들어 스스로 종양을 치료하고 나도 내 몸에 송진을 만들고자 소나무와 동행한다. 오봉산을 향한 발길은 오늘도 진행형이다.

탑정호

새벽녘 물안개는 거대한 꽃이 되어 190만평을 덮었다. 장엄한 물안개의 향연은 발레리나가 미의 정점을 찍는 듯하다. 푸른 안개 속으로 햇살이 시나브로 사라진다. 햇살과 물안개는 이글거리는 정욕의 화신처럼 보인다.

탑정호는 논산 8경의 하나다. 바다 못지않은 광활함과 멋진 풍광의 인공호수다. 사계절 내내 가족들과 연인들의 쉼터가 되기도 한다. 물안개와 저녁놀이 아름다운 곳. 이젠 모텔과 카페도 줄을 지어 한몫을 한다.

예전엔 둠벙이 참으로 많았다. 둠벙은 논에 물을 대기 위해 파놓은 작은 물웅덩이다. 저수지가 너무 멀어 물을 받을 수 없는 논에 필요했다. 어느 날 갑자기 어린아이의 목숨을 앗아가기도 했다. 재 넘어 인삼밭 외동아들도 그렇게 죽었다. 친구가 떠나고 둠벙도 사라졌다. 개학날 그 친구의 빈자리엔 하얀 국화꽃이 대신했다. 그리고 얼마 후 친구의 가족들도 마을을 떠났다. 논둑길에서 만나는 둠벙이 정말 무서웠다. 금방이라도 물귀신이 나와서 나를 잡아당기는 것 같았다. 두려움에 앞만 보고 내달렸다. 나에게 물은 늘 두려움의 대상이었다.

점차 사라졌던 둠벙이 농민들의 웃음꽃으로 돌아왔다는 소식을 접했다. 정부의 지원으로 만든 둠벙에 각종 식물과 생물들이 서식했다. 멸종 위기인 긴꼬리투구새우가 등장하며 생물학자와 탐방객의 학습장이 되었다. 이곳에서 재배 된 농작물은 유기농으로 많은 사람들에게 각광을 받는다 한다.

할아버지는 생전에 낚시를 좋아하셨다. 어망에서 팔딱이던 붕어 요리는 할아버지 몫이었다. 민물고기 특유의 비릿한 냄새가 코를 찔렀다. 할머니께서는 잡아 온 물고기를 좋아하지 않으셨다. 아마도 밖으로 도는 할아버지에 대한 애증이지 않았을까. 뒤란에서는 고추장 조림의 붕어와 여름 햇살이 익어갔다. 우리들도 붉게 익은 채 숨을 죽이며 침을 꼴깍였다. 하얀 쌀밥을 찬물에 말아 뜨거운 붕어찜 한 점을 얹었다.

붕어마을에서 붕어찜을 먹었다. 붕어는 산성 식품이지만 칼슘, 철분, 단백질이 풍부하다. 무와 시래기를 바닥에 깔고 붕어에 양념장을 얹어 알맞게 조려지면 콩가루와 야채를 넣어 한소끔 더 끓인다. 그러나 어릴 적 먹던 맛이 아니다.

붕어의 크기도 다르다. 둠병에서 잡은 붕어는 아기 손처럼 작고 귀여웠다. 탑정호 붕어는 어른 손바닥만 하다. 환경과 시대 탓일까. 요즘 아이들처럼 붕어도 진화를 하나 보다. 기대했던 깊은 맛은 저 만큼 기울어졌다. 세월 따라 입맛도 닮아 가는 것일까.

호숫가의 전원 카페로 발을 옮겼다. 바위 사이를 뚫고 서 있는 소나무의 위용과 기개는 독립투사를 닮았다. 반듯한 암반의 수직선 사이에 뿌리를 내린 이유는 무엇일까. 소나무와 바위는 연리지 마냥 한 몸이 되었다. 뿌리와 기둥을 감싸주는 바위에게 소나무는 비바람을 막아주고 여름날 그늘을 만들어 준다. 태풍이 불어도 쓰러지거나 부러질 염려는 없을 것이다.

몇 발짝을 걷다 거대한 남근석을 만났다. 2미터 둘레에 3미터 길이의 자연석이 동쪽 45도 각도로 서 있다. 남자의 힘 가장 좋을 때가 동 트기 전 새벽이라더니 해가 솟는 방향의 남근석은 영락없는 변강쇠다. 저 큰 힘으로 얼마나 많은 여인들을 희롱하였을까. 어쩌면 뭇 여인들의 거침없는 손길과 질펀한 농이 더 부끄러웠을 게다. 인공으로 다듬어도 이렇게 완벽하지 못 할 것을 정면과 측면에서 보아도 살아 움직이는 게 금방이라도 살을 뚫을 기세다. 변강쇠의 짝을 맞춘 듯 음부석이 비켜 서 있다. 우주와 자연의 신비로움이 존재하는 듯 묘한 형상이다.

태평양 전쟁 때 만들어진 탑정호의 노역에 수많은 사람들이 동원 되었다. 돌아가신 할아버지도 그랬다. 좋아하시던 낚시를 이곳에선 하지 않았다. 그때는 할아버지의 마음을 헤아리지 못했었다. 가슴 아픈 역사도 물빛에 저물어 간다.

천연기념물 201호 고니 가족이 소풍을 나왔는지 다정한 모습이다. 탑정호를 유유히 걷는 자태와 흰 깃털이 우아함을 한껏 뽐낸다. 긴 다리로 느릿느릿 걷는 모습이 조선시대 양반과 다르지 않다. 고니로 환생한 양반이었을까.

청정호수 탑정호에 주홍빛 노을이 일렁인다. 초겨울의 저녁은 짧기만 하다. 사위가 어둠에 깔리며 별빛이 내린다. 카페촌의 불빛을 살라먹는 연인들이 사라진다. 코끝에서 맞는 알싸한 밤이다.

이웃

새댁이란 호칭을 처음 들었던 곳이 연산동 토곡이다. 방 하나에 부엌 딸린 다세대 가구여서 살림과 수준이 비슷한 사람들이 살았다. 대문 옆의 화장실을 공동으로 쓰다 보니 한 식구처럼 허물이 없었다. 고만고만한 아이들이 한 마당에서 놀다보면 사소한 다툼에 어른들의 감정이 개입되어 소원한 관계가 되기도 했다. 이웃집 밥상의 메뉴와 남편들의 귀가시간까지 훤히 꿰고 있으니 비밀이 있을 수 없다. 기저귀 차는 아기는 수도세 2인분, 일주일 이상 손님이 묵는 날엔 가차 없이 증가세가 붙었다.

대문을 열고 살았기에 자물쇠가 필요 없던 곳. 닫혀 있는 게 오히려 호기심과 궁금증을 불러 일으켰다. 골목 안 이웃들도 비슷했다. 집성촌 일가처럼 서로가 서로를 잘 챙겨 주었다. 터

놓고 지낸다는 게 다 좋을 수는 없다. 때론 불편할 때가 없지 않았다. 비밀리에 가끔은 혼자이고 싶은 날이 있어도 마음뿐이었다.

복도식 아파트로 이사를 했다. 한 층에 여섯 가구로 이루어진 20층 건물이다. 복잡한 삶 속에서 미묘한 감정들이 존재했던 곳. 가장의 월급과 아이들 성적까지 유리알처럼 꿰고 있었다. 뉘 집에 낯선 손님이 오면 그들이 먼저 알았다. 장맛과 숟가락 숫자까지 헤아리는 관심이 참으로 불편했다.

남편의 늦은 귀가는 이웃 여인들의 좋은 가십거리였다. 빈약한 화제에 양념이 첨가되어 떠돌았을 것이다. 하루에 몇 집을 순회하는 여인이 있는가 하면 남편 출근과 함께 온종일 있다 가는 여인도 있다. 시간이 흐르면서 발가벗고 사는 느낌이 들었다. 격 없이 지내던 이웃과의 관계에서 침묵이 흘렀다. 내 시간을 찾고 싶었다, 사람과 사람 사이의 소통이 참으로 어렵다는 것을 알았다. 개인의 성향이 다르기 때문에 옳고 그름의 판단은 더 더욱 어려운 것이다.

그 후 계단식 아파트로 이사해 살게 된지 오랜 세월이 흘렀다. 몇 층 몇 호에 누가 사는지 관심과 눈길을 주지 않는다. 예전처럼 반상회가 있는 것도 아니고 모두가 바쁘다 보니 늘 타인이다. 죽의 장막이 드리워진 성 안에 불편한 진실들의 비밀은 얼마나 많을 것인가.

마주치던 이웃이 보이지 않으면 이미 이사를 갔거나 고인이 됐다는 것이다. 나의 무관심을 정당화시키기엔 부끄러운 일이다. 가끔 하굣길에 만나는 앞집의 학생 이름도 알지 못한 채 별로 관심조차 두지 않았다. 그냥 인사만 주고받았지 한 번도 물은 적이 없다. 주위를 돌아볼 마음의 여유가 없던 시절이다.

어느 여인의 이야기다. 905호 여인이 1605호 집에 출근 도장을 찍듯이 다녀갔다. 늘 우울한 이야기와 신세타령이었다. 곱게 들어주고 다독여주던 1605호 여인은 봄 나비처럼 활기찼다. 그러나 시간이 지날수록 듣기 좋은 꽃노래도 아니고 아침부터 시작되는 그녀의 푸념은 언제나 변함없었다. 온종일 지저귀는 여인보다 들어주는 여인이 지쳐갔다.

그날 아침이었다. 905호 여인이 1605호 초인종을 눌렀다. 두세 번을 누르는 동안 있어도 없는 척을 했다. 얼마동안 서 있던 여인이 시스템 화면에서 사라졌다. 16층 계단에 나란히 놓인 신발은 그녀의 마지막 유품이 되었다.

1605호 여인은 조금 더 보듬지 못한 죄책감에 절에서 살다시피 했다. 급히 서두른 그녀의 이삿짐에 망각의 그림자가 잔영처럼 흩어졌다. 이웃과의 인연이 두렵다는 그녀의 눈시울이 붉어졌다.

아파트 층간 소음의 시비가 살인사건이 되기도 한다. 이웃집 어른들이 정신지체아 소녀를 성폭행 했다는 소식도 들린다. 예전에는 귀신이 무서워 굿을 했지만 두렵고 무서운 존재는 산사람이다. 험한 세상을 우리 스스로 만들지 않았는지, 나를 두려워하는 이웃은 없는지 알 수 없는 일이다.

내 작은 선행이 이웃을 행복하게 하는 지름길이다. 아름다운 이웃은 멀리 있는 게 아니고 내 안에서 퍼지는 소중한 빛이 되리라.

먹통과 소통

수족과도 같던 휴대폰이 며칠째 말썽이다. 작동과 오작동을 반복하는 게 치매환자를 닮은 듯했다. 가족들은 휴대폰을 여러 번씩 잘도 바꿨다. 나에게도 이런저런 유혹이 있었지만 멀쩡한 것을 버릴 수 없었다. 기계치인 내가 쓰기에도 매우 편리했다. 그러다 갑자기 사단이 나고 말았다. 시커먼 화면에 전원조차 들어오지 않는 먹통이 되었다.

먹통이란 목공이나 석공이 먹줄을 치는데 쓰는 나무로 만든 그릇이다. 아는 것이 아무것도 없는 멍청한 사람을 이르기도 한다. 얼마 전 모 은행의 ATM이 먹통이 되었었다. 그런가 하면 대형병원에서도 그랬다. 중환자실 의료장비가 갑자기 먹통이 되었다. 그 바람에 많은 환자와 의료진들의 소동이 있었다. 10분의 짧은 시간이 그들에겐 생과 사를 넘나드는 긴박한 시간이다. 수술 중에 그런 일이 생겼다면 어떤 결과가 나왔을까.

한때 청와대 주인이었던 나라님은 코드가 맞는 사람만 입성시켰다. 서로의 마음을 잘 읽으니 뜻이 잘 통해서였을까. 잘못된 소통은 큰 화를 부르지만 적당한 견제는 탄력을 가져 온다. 사람은 저마다의 그릇을 가지고 있다. 흔히 '그 사람의 그릇이 크다, 작다'는 말을 한다. 그 사람이 갖는 인품과 내면의 향기를 말하는 것이리라.

어느 조직이나 쓴 소리를 하는 참모가 없다는 것은 보이지 않는 불행이다. 귀에 달콤한 말은 눈을 멀게 한다. 잘 나갈 때 두려워할 줄 알고 겸손해야 할 것이다. 아부성의 발언은 독약과 다름없다. 비판을 겸허히 수용하는 자세는 우리가 가져야 하는 인간의 덕목이기도 하다.

자유당 시절 권좌에서 끌어 내린 힘도 국민의 소리를 듣지 못했기 때문이다. 부패되어 썩은 냄새가 온 나라에 진동하는데 나라님만 몰랐다. 권력에 아첨하는 무리들이 먹통을 만들었다. 조직이나 사회도 마찬가지다. 훌륭한 오너와 참모는 하루아침에 만들어지는 것이 아니다. 수없이 만나 계획하고 머리를 맞대는 시간을 함께 했을 것이다.

우리는 말문이 막힐 때 기가 막힌다, 어처구니없는 일에는 기가 찬다는 말을 한다. 수많은 핏줄이 머리와 발끝까지 연결되어 있기에 혈류가 막히면 생명을 잃을 수도 있다. 혈의 소통이 잘 되어야 건강하듯 물길이 통하고 소통이 되면 형통한 세상이 될 것이다.

'침묵은 금이다' 는 격언은 늘 맞는 말이 아니다. 정확한 의사전달을 하지 않아 오해를 낳기도 한다. 지금 우리사회는 어른다운 어른이 없다는 말을 한다. 나에게 피해가 올까 봐 그저 입을 다물기 때문이다. 그런가 하면 상대가 피곤할 정도로 말이 많은 사람도 있다. 얕은 지식을 밑천으로 물인지 불인지 천지 구분을 못한다.

타인이 뱉은 독설에 내 몸의 기가 원활하지 못한 신호를 보냈다. 신통한 길로 가라는 채찍이다. 소통과 먹통 사이에 존재하는 것은 무엇일까. 관계와 소통의 길에서 나를 들여다본다.

숲의 말

자욱한 안개가 산허리를 덮더니 잠시 후 마을과 강을 덮었다. 7월의 숲길에서 댕강나무를 만났다. 하얀 종 모양의 꽃을 밥알처럼 달고 있다. 수수한 용모와 다르게 달콤한 향기로 나를 유혹한다.

집 안에 심으면 가정이 화목해진다는 자귀나무의 꽃이 무지개처럼 환하다. 수 십 개의 꽃 바늘을 둥글게 꽂은 듯 어찌 보면 붉은 실타래를 풀어 놓은 우산 모양이다. 가슴 두근거림과 환희라는 꽃말처럼 부부의 행복을 가져 올 것 같아 오며 가며 눈도장을 찍는다. 자귀나무 잎은 밤이 되면 서로 포개져 잠을 잔다 해서 합환수合歡樹, 야합수夜合樹, 유정수有情樹라 부르기도 한다. 자귀나무의 잎에 가까이 가면 소가 신선한 잎을 잘 먹어서 소 쌀밥나무라 부르기도 하며 민간과 한방에서 귀한 약재로 쓰이기도 한다.

대천천에서 한 쌍의 고니가 여유롭게 물고기를 낚고 있다. 작년 이맘때 보았던 고니의 모습이다. 작은 돌을 주워 물수제비를 떴다. 첨벙하는 물소리에 유영하다 사라지는 물고기들. 맑은 물속에 훼방꾼의 얼굴이 일그러지고 있다.

고추잠자리가 떼를 지어 하늘을 날고 메타쉐콰이어 나무 아래 개망초꽃이 흐드러지게 피었다. 들꽃은 무리지어 있어야 더 아름답다. 왜 하필 이름 앞에 개가 붙여졌을까. 개살구, 개복숭아, 개똥참외 등. 아마 정품이 아닌 짝퉁을 의미하지 않을까. 사람 노릇을 못하는 자의 앞에도 개가 먼저 와 개자식이 된다. 우리가 흔히 쓰는 말 중 개가 들어간 단어는 좋은 의미를 갖지 못했다. 거짓을 모르고 오로지 주인을 섬기는 개들이 알면 얼마나 섭섭할까.

망초는 밭을 망치는 풀이라서 일본인들이 우리나라 망하라고 심어 놓고 갔는데, 망초가 갑자기 퍼지기 시작하며 을사늑약이 맺어졌다. 나라가 망한 누명을 오롯이 뒤집어썼다. 망초보다 개망초꽃이 더 크고 예쁘지만 분노한 선조들이 나라를 망하게 한 꽃이 예쁘면 얼마나 예쁘겠냐고 개망초라 지었단다. 고향마을에선 풍년초라 불렀다. 냉이, 질경이처럼 서민들 밥상에 오르는 봄나물로 사랑을 받았다.

날렵한 몸매의 녹색 부들이 긴 밤색 꽃을 뽑아 올렸다. 여름 꽃꽂이에 감초처럼 빠지지 않는 소재가 되기도 한다. 어릴 적 개구리 사냥에 밑밥이 되었던 강아지풀. 소꿉놀이에 빠지지 않던 토끼풀도 하얀 알사탕 모양의 꽃을 피웠다. 어린 신부의 모든 예물은 풀꽃 하나면 족했다.

경부선 기차가 기적을 울리는 순간에도 사르륵 사르륵 풀벌레의 합창은 끊이지 않았다. 수컷 맹꽁이가 왝~액 왝~액 신호를 보낸다. 암컷을 부르는 소리다. 맹꽁이는 여럿이 합창하면 맹꽁, 한 마리가 맹하면 꽁으로 화답을 하는 게 참으로 신기하다. 맹꽁이의 매파가 단비였는지 사랑의 언어가 정겹다. 물은 생명의 근원이다.

낙동강은 가락의 동쪽이란 뜻이다. 삼국시대에는 황산강, 고려 조선시대에는 낙수, 가야진을 거쳐 낙동강 이름을 얻었다. 함백산 황지에서 발원된 낙동강은 안동과 상주를 거쳐 고령서 만난 여인과 동침하고 금호강에서 다시 합류한다. 남지에서 남강이란 여인과 또 다른 사랑을 나누다 삼랑진에서 밀양강과 마지막 정사를 치르고 천 삼백리를 달려온다.

긴 여정의 지루함을 떨치려고 한 눈을 팔았는가. 여러 여인들을 거느린 카사노바 강물은 구차한 변명도 하지 않는다. 티브이 뉴스에 등장하는 권력자들도 그랬다. 멀쩡하던 사람이 갑자기 중환자가 되어 병원에 입원하고 휠체어에 의지했다. 부정한 뇌물을 꿀꺽한 그들은 꾹 다문 입을 열지 않았다. 낙동강도 그들처럼 교교히 흘러간다.

요즘 유행처럼 번지는 힐링 캠프가 대세다. 유명 숲속에서 자연과 함께하는 프로그램은 특급 호텔보다 비싼 비용을 지불한다. 멀리 가지 않아도 주변의 산과 공원은 훌륭한 힐링 장소다.

얼마 전 양평을 다녀왔다. 사위가 온통 초록빛 잣나무 숲이다. 검푸른 칠월의 녹음에서 푸른 눈물이 뚝뚝 떨어진다. 하늘만 뚫렸을 뿐이다. 끊임없이 차오르던 마음의 화두를 내려놓았다. 초록빛은 심신을 안정시킨다.

계곡에서 들리는 물소리와 개구리들의 합창소리는 밤을 잊게 했다. 안개비 내리던 그날 밤 자연은 이방인의 영혼을 쉬게 했다. 삼경이 지날 때까지 마신 곡차에 마음과 몸이 쉽게 젖어 들었다. 자연은 사람을 취하게 하고 삶의 고통을 치유해주나 보다. 다음날 새털처럼 가벼워진 몸은 환희로 가득 찼다.

자연으로 돌아가라는 루소의 외침에 오늘도 한적한 시골길을 걷는다.

애기공주님

노부부의 다정한 모습이 신선하다. 하얀 턱수염을 멋스럽게 늘어트린 70대 할아버지와 긴 머리를 빨강 곱창 고무줄로 묶은 할머니다. 부부는 날렵한 몸매에 세련미가 흐르는 커플룩을 입었다. 의상에 어울리는 모자와 목걸이를 비롯한 신발, 안경 등의 소품도 눈길을 끈다.

맥가이버 머슴처럼 사는 할아버지는 할머니를 위하여 태어난 사람 같다. 청소와 빨래, 세끼 식사를 챙기며 장도 직접 담근다고 했다. 찾아오는 손님들에겐 갖가지 요리로 대접을 한다. 밥상을 차려놓고 여보, 당신, 누구의 엄마도 아닌 '애기공주님!'하고 부른다. 할아버지의 부름에 천연덕스럽게 '왜요, 왕자님!' 화답하는 할머니 부부의 별난 삶이 호기심을 자극했다.

집안 곳곳의 할아버지 살림 솜씨는 보통의 주부들은 흉내 내

기도 힘들만큼 전문가 수준이다. 할머니 머리에서 발끝까지 할아버지 손길이 닿지 않은 곳이 없다. 속옷과 겉옷은 물론이고 스카프, 목걸이, 머리핀 같은 작은 소품 하나도 할아버지 담당이다. 각종 팩과 마사지로 할머니 얼굴을 곱게 가꾸어 주는 할아버지는 전용 피부관리사다. 그 덕분인지 할머니의 매끈한 흰 피부가 참으로 곱기도 하다.

사회자가 물었다 "도대체 할머니가 하시는 일은 무엇입니까?" "밥은 꼭 할머니가 하지. 전기밥솥에 하는데 진밥과 된밥이 반복해서 나오는 게 아직도 밥물을 못 맞춰요." 할아버지의 대답에 할머니는 호호호 연신 웃음만 날렸다.

할머니 옷에 맞는 신발과 스카프를 사기 위해 며칠씩 백화점을 순회한다는 할아버지. 할머니 신발을 직접 신기고 외출하는 할아버지는 분명 특별한 분이다. 할머니의 의상이 보통 옷이 아닌 잔손이 많이 가는 옷들이다. 부지런한 할아버지의 손길과 정성이 베인 옷이다. 사랑의 효소가 발효되어 행복의 꽃을 피우는 것처럼 은은한 향기를 품었다.

딸만 셋을 낳았다는 노부부에게 사회자가 질문을 했다. "장모님은 어떤 분이기에 딸에게 살림도 안 가르쳐 시집을 보냈는지…." 어머니를 보고 딸의 혼사가 이루어지기도 하지 않는가. 장모 역시 지금의 할머니와 비슷했다며 껄껄 웃는 할아버지가 생경스럽다. 딸들 역시 엄마를 닮아 살림에는 문외한이라 한다.

출가한 딸의 상견례 자리서 살림을 전혀 못하는 아이에게 차후에 그 부분을 문제 삼으려거든 이 자리서 그만 두자고 했다는 할아버지. 보통의 주부들은 친정엄마를 통해 살림을 배우고 익히게 된다. 사위와 딸이 친정에 오는 날이면 할아버지는 여느 엄마처럼 음식 만들기에 바쁘다. 사위도 비슷한 흉내를 내며 장인을 닮아 간다. 그 집터에 강한 음기가 존재 할 거 같은 예감이 든다.

몇 년 전 드라마의 주인공이 사랑하는 연인을 '애기'라 불렀다. '내 안에 너 있다'는 말과 함께. 그 후 연인들의 대명사처럼 되는 바람에 숫기 없는 남자들이 곤혹을 치르기도 했다. 시대적 사고의 흐름에 맞추다간 나를 잃어버리기도 한다. 적어도 꼴사납다는 말은 듣지 않고 싶다. 나이에 맞는 언행은 품격에 아름다움을 더한다.

가끔은 대접 받고 싶은 마음이 어느 주부에게나 있을 것이다. 누구의 아내 누구의 엄마도 아닌 오롯이 나만의 날을. 보통의 여인들은 손에 물마를 날이 없다. 남편들이여! 가끔은 내 아내를 공주로 만들어 주자. 그대들도 남편이 아닌 부마가 되는 날이다.

이승숙 수필문학에 나타난 그리움의 표정들

– 수필집 『이화, 달빛 사르다』를 읽고

유 병 근(수필가/시인)

그리움에 잠긴 그리움의 빛깔을 찾아

수필읽기는 수필에 잠긴 기쁨을 찾아 그 기쁨과 함께 하려는 노력이기도 하다. 기쁨은 독자의 가슴을 뭉클하게 하는 파동작용을 한다. 하기에 수필작품은 정신적 희열과 연계된다. 흔히들 수필은 재미로 읽는다고 하지만 재미는 찰랑찰랑 흐르는 얕은 개울물소리에 지나지 않는다.

기쁨은 대상을 참신하게 발굴/발견하는 데서 태어난다. 누구나 보고 느낀 것은 일상적인 개울물 흐르는 소리 같은 재미이지 창의적인 참신한 몫은 전혀 아니다. 수필쓰기는 이 창의적인 몫을 찾아 지향함으로써 참다운 수필문학의 값을 한다. 그런 점 기쁨pleasure은 가슴에서 우러나는 정신의 문제이되 재미enjoy는 입술에서 일어나는 육체의 문제라고 말할 수 있겠다. 독서의 기쁨은 마음을 윤택하게 하고 독서의 재미는 시간을 때우는 수단에 지나지 않을 수도 있다. 그런 점 수필쓰기와 더불어 수필읽기는 심성에 잠긴 기쁨의 웅덩이를 찾아 그 웅덩이의 맑고 시원함을 함께 음미하자는 시도이기도 하다.

기쁨은 아름다움이다. 기쁨에서 우러나는 아름다움이며 아픔에서 우러나는 비애미 또한 놓칠 수 없는 아름다움의 극치이기도 하다.

> 여섯 폭의 병풍이 있다. 뜻이 알쏭달쏭한 초서체는 보고만 있어도 물결소리가 나는 것 같다. 도자기, 등잔, 주전자 등을 곁들인 그림으로 호사를 부렸다. 친정엄마의 서랍 깊은 곳에 몇 겹씩 싸인 채 수 십년을 보낸 엄마의 손때가 묻은 소장품 들이다. 큰언니의 여고 때 작품도 눈에 익었다. 촘촘하게 엮은 씨실과 날실 사이에 금실과 은실이 반짝이고 있다. 동양자수는 가을볕에 잘 익은 홍옥과 정제된 초승달을 담았다.
>
> -「옛것을 품다」 부분

시인 김소월은 "봄가을 없이 밤마다 돋는 달도/예전엔 미처 몰랐어요//이렇게 사무치게 그리울 줄도/예전엔 미처 몰랐어요"라며 「예전엔 미처 몰랐어요」를 읊는다. 인간정신의 바탕에는 그리움이라는 정서가 원천적으로 깔려 있음을 비단 김소월의 시에서만이 아닌 문학의 깊은 바탕이 되어 있음을 알 수 있다.

수필가 이승숙 또한 수필집에 그리움이라는 정서를 아릿한 놀

빛처럼 깔고 있음을 읽을 수 있다. 이것은 어떤 점 이승숙 수필정신의 색깔이라고 해도 지나친 말은 아닐 것이다. '보고만 있어도 물결소리가 나는' 초서체로 구성된 병풍 글씨를 비롯한 '주전자 등을 곁들인 그림'에서 옛사람이 남긴 정서를 그리워한다. '몇 겹씩 싸인 채 수 십년을 보낸 엄마의 손때' 또한 아릿한 그리움의 흔적이다.

수필쓰기며 수필읽기는 그리움의 재발견이라는 말을 하고 싶다. 하기에 수필은 인간정신의 새로운 탐구라는 언급과 맞물린다고 하겠다. 함으로 이승숙 수필을 읽는 것은 수필가의 노력으로 찾아낸 그리움의 빛깔, 그리움의 향기, 그리움의 미학, 그리움의 바탕을 찾아 음미하는 구체적이며 값진 노력에 동참하는 일이라고 하겠다.

> 옛것은 화려하거나 요란스럽지 않다. 거친 듯하면서 자연과 함께 어우러진 아름다움을 지닌다. 주연보다 조연이 아름다울 때가 있듯이 작은 소품이 주위를 맛깔스럽게 한다. 차림새가 밋밋할 때 스카프는 의상의 꽃이 되어 근사한 연출을 한다. 이때 외할머니와 외손녀의 동행은 아름다운 나들이가 된다.
>
> \- 상동

외할머니를 가령 고전적이라면 외손녀는 현대적인 의미를 갖는다. 고전과 현대의 어울림을 '아름다운 나들이'로 표현한다. 그 아름다움에는 '화려하거나 요란스럽지 않은'데서 더욱 돋보이는 미의 극치를 보여준다. '차림새가 밋밋할 때 스카프 한 장은 의상의 꽃'임을 인식하는 미의 재발견이다. 소박한 것으로 지향하고자 하는 현대인은 낡고 삭은 옛것에서 삶의 아름다움을 찾아내고 희열을 느낀다.

아름다움은 깨끗이 정리정돈이 잘 된 곳에만 있는 것은 아니다. 수필가 김병규는 세느강의 다리 난간에 쌓인 먼지에서 미의 극치를 느낀다. 미는 발견하는 것임을 새삼 깨닫게 된다. 아름다움 또한 상투적인 곳에서는 발견되지 않는다. 한 송이 장미는 어떻게 테이블에 놓이느냐에 따라 미가 되고 추가 될 것이다. 즉 새로운 감각이 돋보일 때 장미는 비로소 새롭고 참신한 모습으로 나타난다. 하기에 수필가 또한 관습적인 미에서 창의적인 미를 탐구하는 시선을 갖는다.

> 할머니의 식초항아리는 참는 법을, 아버지의 벽시계는 지금의 고통은 잠시 지나는 바람이라고 타일러준다. 친정의 골동품은 언제나 한결같은 성실한 마음으로 삶을 일구어 나가라고 타이른다. - 상동

① 할머니의 식초항아리는 참는 법

② 아버지의 벽시계는 인고忍苦하는 법

③ 찬장의 골동품은 성실한 마음 갖기의 지침서

이처럼 위 문장을 축약할 수 있다. 품격 높은 가풍을 읽을 수 있는 대목에서 삶의 길을 계시 받는다고 하겠다. 식초는 음식을 상하지 않게 하는 좋은 역할을 한다. 음식의 맛을 돕는 역할을 한다. 식초를 완성시키기 위해서는 일정 기간을 인내심 있게 기다려야 한다. 그 기다림의 미학이 식초 만들기에 있다. 함으로 할머니는 성급하게 서둘지 않는 법을 식초 만들기로 가르치는 셈이다. 시계 또한 꾸준한 시간 지킴이처럼 참고 사는 법을 말한다. 골동품에서 배우는 성실한 마음 갖기 등 사람이 사는 올바른 법을 가르치는 명심보감과 같은 구절들이다. 그리움이란 인고하는 정신에 더욱 애틋하게 피는 꽃이다.

> 보름달 속에서 본 박꽃과 달 항아리를 만났던 그날의 황홀함과 짜릿함은 첫 사랑의 상큼한 이미지처럼 내 모든 감각을 흔들었다. 달빛과 함께 신작로를 걷다보면 나는 그림자가 되고 그림자는 내가 되어 길동무가 된다. 달을 이고 걷기를 유난히 좋아했던 나는 요즘의 문텐 로드를 즐긴 셈이다.
>
> -「달 항아리」 부분

화가 김환기의 달이 떠오르는 구절이다. 누구에게든 달은 그리움의 가장 절절한 표상이다. 시적인 분위기를 갖는 달 묘사는 '달을 이고 걷는' 대목에서 더욱 절실한 감흥을 갖게 한다. 여인들은 우물에서 물을 항아리에 길어 머리에 이고 골목길을 돌아간다. 이런 분위기를 보름달이 환하게 떠서 더욱 장엄하고 아늑하게 한다. 항아리 속의 물에 보름달이 잠기고 그 잠긴 달을 이고 가는 풍경은 아름답다. 걸을 때마다 찰랑이는 물소리에 뜬 달도 덩달아 찰랑이는 소리를 한다.

수필가 이승숙은 그 달을 머리에 이고 신작로를 걷는다. 문텐로드가 따로 없다. 뒤따르거나 옆에서 함께 보조를 맞추는 그림자도 달 항아리를 머리에 인다. 그러나 그것은 잔잔한 기쁨만은 아니다. '이별의 준비 없이 떠난 오빠'를 떠올리는 달밤도 있다. '그날 밤 일가친척들은 오빠를 종중산에 묻었다. 그때도 칠월의 보름달이 환하게 웃고 있었다.'(상동/부분) 달 속에는 일찍이 떠난 오빠가 떠오르고 달은 그 아픔처럼 뜬다. 달은 트라우마다. 이승숙 수필문학의 중심을 잡고 있는 것은 달 이미지 또한 한 몫을 한다고 보겠다. 그처럼 달은 그리움이며 아픔이다. 그 속에 수필이 갖는 통절한 미학이 스며있다.

이화에 타는 달빛

이화 즉 배꽃은 순결, 순백이라는 이미지로 점찍을 수 있다. 그처럼 깨끗한 감성을 갖는 꽃이다. 수필가 이승숙은 '이화 흐드러지게 피는 사월에 나주에 가라'(이화, 달빛 사르다/서두)며 사뭇 권유조로 말한다. 눈부시게 핀 배 밭에서 꽃처럼 순박한 정서, 꽃처럼 순박한 나주, 꽃처럼 아름다운 계절을 놓칠 수 없다는 권고를 한다.

그런 권유를 하는 수필가는 '내 나이 스무 살 때 이화를 닮은 여인과 인연이 닿았다'(상동)며 고백한다. 이십대 중반의 그녀는 청순한 산사의 수도승이다. 그녀와의 인연을 찾아 '어느 날 문득 보고파지면 불현듯 달려가 며칠 씩 머물다 오는' 수필가 이승숙 또한 청순한 소녀이다. 스님인 그녀는 수덕사 경내의 선수암에서 수도생활을 한다. '기별 없이 나타난 나의 마음을 그녀는 잘 알고 있었다. 사흘 밤낮을 오롯이 함께했던 시간들, 별빛 쏟아지던 밤 수덕사 경내를 걸었다. 하늘 한 복판에 쓸쓸히 떠 있던 조각달이 묵언의 시간을 위무하며 품었다.'(상동). 이처럼 소녀시절의 아름다운 방황은 스님을 만남으로써 다소 안정이 되었을 것이다.

> 수 십 해가 지나고 수덕사에 다녀올 기회가 있었다. 일행들은 덕숭산에 오르고 나는 선수암으로 뛰었다. 첫사랑을 만나는 마음이 이런 것일까. 심장 뛰는 소리와 후들거리는 다리가 엇박자를 놓는다. 예전의 그날처럼 숨을 몰아쉬며 그녀를 찾았다. 지천명을 훌쩍 넘은 그녀는 세월의 장벽 앞에 선 무념한 바람이었다.
> - 상동

수필가 피천득은 수필 『인연』에서 아사코를 만난 이야기를 진

술한다. 모처럼의 만남은 또 다른 정서적반응이라는 감회에 젖는다. 그리워했던 대상을 모처럼 만나는 일을 그 그리움을 재확인하고자 함이랄까. 그러나 그리움의 빛깔은 이런저런 사정으로 옛날과 다름을 확인하는 계기가 되기도 한다. 수필가 피천득의 『인연』 또한 차라리 가슴에 묻어둔 그리움이었더라면 하는 것은 필자만의 그릇된 생각인지도 모른다.

수필가 이승숙의 인연 또한 '이제는 돌아와 거울 앞에 선/ 내 누님같이 생긴 꽃이여'라고 읊은 시인 서정주의 『국화꽃 앞에서』를 연상케 한다.

> 발코니에 방치되다시피 버려 둔 화초들이 향기를 토하며 꽃을 피웠다. 외도하는 주인의 사랑을 간절히 기다린 침묵의 저항인가 보다. 언제 피었는지 알 수 없는 물카라 꽃이 향기를 날리며 존재를 알렸다. 흐드러지게 핀 사랑초와 몇 해 째 피지 않던 제라늄도 붉은 꽃송이를 피웠다. 함박꽃의 봉오리도 곧 터질듯 시간을 잰다. - 상동

한 때 맑고 한 때 비와 같은 일기예보 또한 세상사는 이야기에 견줄 수 있다. 한 때 스산하던 마음을 다독이면 발코니에 피는 그 동안 방치했던 화초들이 꽃을 피우는 무위자연과 같은 노자老子의 사상을 꽃에서 들을 수 있다. 밖으로만 눈을 돌리지 말고 안으로 눈을 돌리라는 은근한 가르침을 꽃에서 배운다.

사는 길이 어디 있는가 하고 물을 때 수필가 이승숙은 '명년 사월에는 나주에서 한 사나을 머물고 싶다'(상동)고 말한다. 뿐만 아니다. '그리움에 다시 그리움이 스미는 날, 아련한 슬픔이 포말처럼 밀려올 때, 가슴의 불잉걸이 꽃불처럼 타오를 때, 나 그대와 함께하리라. 그 기다림의 등불에 풍경 하나 걸어둔다.'며 『이화, 달빛 사르다』의 말미를 아름답고 당차게 장식한다.

뿐만 아니다. 수필가 이승숙의 묘사는 더욱 세밀하다. 그 세밀한 묘사는 추억의 한 장면을 들춘다. 이 장면은 『이화, 달빛 사르다』와 이어지는 감성을 지닌다. 그 감성은 마침 쏟아진 눈발과 더불어 하나의 교향곡을 빚는다.

> 오래 전 내가 살던 도시에도 폭설이 내렸었다. 겨울눈이 일상인 우리에겐 아무런 감흥도 일지 않았던 때다. 남녘에서 올라온 그가 강아지마냥 눈길을 뛰며 뒹굴었다. 그렇게 그는 밤이 늦도록 눈사람이 되었다. 그런 그의 모습이 외계인처럼 생경스러워 멀거니 바라만 보았다.
>
> 흰 옥양목 이불을 들썩일 때마다 눈길 밟는 소리가 들렸다.
>
> -「숫눈」 부분

과거란 시제는 기억의 씨알 즉 추억을 낳는다. 추억 속에는 아름다운 아픔이 깃든다. 상기한 인용문에서 '흰 옥양목 이불'과 '눈길 밟는 소리'의 감각적 이미지는 작품 「숫눈」 속의 백미임을 깨닫게 된다. 이런 묘사를 찾아 읽는 것이 특히 수필읽기의 기쁨이라 아니할 수 없다. 함으로 수필은 그 글 속에 잠긴 감각적 정서적인 측면을 찾으려는 것이 수필문학을 위해서도 아주 의미 있는 일이라고 하겠다.

표현미의 뒤안을 찾아

이승숙 수필문학은 대상을 포착하는 참신한 이미지로 구성된 부분이 새로운 수필세계로 지향하는 선도적인 역할을 한다고 말할 수 있겠다. 수필가는 누구나 할 것 없이 참신한 세계인식을 함으로써 수필의 참다운 격을 높이는 일임을 깨닫게 된다. 새롭다는 것은 낯설다. 낯선 것은 차츰 낯설지 않는 일반적인 낯익은 것이 된다. 수필가는 낯익은 세계에만 머물 수 없다. 고난의 낯선 길을 찾아 걸어야 한다. 거기에 수필을 하는 어려움이 있고 고뇌가 있다. 함으로 편안한 수필은 이미 낡은 수필임을 수필가는 누구든 깊이 인식한다. 그런 점 수필가 이승숙은 앞서가는 수필에의 길에서 보다 깊은 고뇌에 찬다. 그 고뇌가 수필의 격을 보다 더 고양시키는 구실에 앞장서고 있음을 다음과 같은 보기에서도 볼 수 있다.

① 그것은 감이 아닌 조롱조롱 매달린 꽃이다.(「북천 나들이」 부분)

② 참새는 더 이상 허수아비에 놀라지 않는다. 오히려 좋은 친구로 삼는 것 같다.(상동)

③ 메밀꽃은 새색시의 부드러운 속살을 닮았다. 날렵한 키에 소박한 외모가 조금은 수줍어 보인다. 코스모스꽃을 낭만파라면 메밀꽃은 순정파라고 할까.(상동)

④ 노년의 향기는 홍차를 닮았다. 헐렁한 삶속에서 자연과 우주를 품어볼 날이 얼마나 남았을까. 그리운 사람들이 더 그리운 날이 있다.(「봄날은 간다」 부분)

⑤ 달빛과 어우러진 강물은 유리구슬처럼 맑았다.(「강변에서」 부분)

⑥ 차는 이지적이고 술은 감성적이다. 차와 술의 공통점은 물맛이 좋아야 된다는 점이다. 사람은 물맛이다.(「차와 술」 부분)

⑦ 동양화의 여백은 또 하나의 공간이다.(「여백을 걷다」 부분)

⑧ 포장하지 않은 바닥의 언어가 때로는 더 감동스러울 때도 있다.(「겨울 여인」 부분)

⑨ 첼로소리는 장엄하고 웅숭깊다. 억지로 기교를 부리지 않으며 부드럽고 푸근한 안정감이 있다.(「소리」 부분)

⑩ 엄마는 세상에서 제일 큰 달 항아리였다.(「달 항아리」 부분)

위에 든 인용문은 필자 나름으로 뽑아본 것에 지나지 않는다. 수필독자는 누구든 이 수필집에 나오는 참신한 구절을 가려낼 것이다. 그 또한 수필읽기의 기쁨이며 맛이겠다.

추억 속에 자라는 아라베스크 미학

이승숙 수필은 단수인 듯 복수이다. 단수는 간결하되 이미지를 압축하는 힘을 갖는다. 복수는 중층구조를 띄면서 복합적인 의미망을 구축한다. 수필문학의 묘미란 이런 것이라고 감히 말하고 싶다. 차 맛처럼 맑고 깨끗하되 술맛처럼 복합적인 것을 음미할 수 있을 때 그 수필은 보다 웅숭깊은 흥취를 갖는다. 단수에서 복수를 읽고 복수에서 단수를 읽는다. 단수는 단수 그 자체가 아닌 복수이다. 복수 또한 복수 그 자체가 아닌 단수임을 깨닫는다.

> 화랑을 운영하는 지인의 집을 방문하던 날 신선한 충격을 받았다. 큰 집이었지만 꼭 필요한 가구 외엔 모든 공간이 비어 있고 그 흔한 소파도 없었다. 넓은 거실에 작은 카펫이 깔려 있고 유명 화가의 그림 두 점이 벽에 걸려 있다. 이삿짐을 풀지 않은 미완성의 집 분위기였다. 바닥에 앉아 차를 마셨다. 빈 공간에서 오히려 편안한 마음이 들었다. 화선지에 먹물 베이듯 몸과 마음이 스르르 바닥에 붙는다. - 「여백을 걷다」 부분

정갈한 아름다움이다. 침묵 속의 대화란 말이 떠오른다. 무無는 유有라고 하는 명제를 붙이면 어떨까. 물리적인 현상만이 모두는 아니다. 비움으로써 충만의 가치를 느끼게 되는 것을 이 구절에서 다시 읽는다. 그것은 뿌듯함이다. '바닥에 앉아 차를 마시는'분위기는 곧 자연과 일치되고 있음을 의미하겠다. 바닥이 어느 산

속의 바위이거나 바닷가의 모래밭일 수도 있을 것이다. 굳이 소파에 앉지 않아도 바닥에 앉아 자연의 맛을 바닥에서 보고 느끼는 것이다. 무위자연현상이라는 분위기를 말할 수 있는 것은 수필가 이승숙의 심중에 그 텅 빈 공간을 통하여 무소유와 무위자연을 감지하기 때문일 것이다.

> 그해 봄 나를 찾아온 그분의 표정을 잊을 수 없다. 원서마감 전까지 수시로 나의 이름을 확인했다며 무슨 연유인지 세세히 물으셨다. 명년 대입을 보기로 약속했지만 지키지 못한 나는 그 후 모든 연락을 끊었다. 어긋난 자존감이 넘치던 시절이다. 한때 관심과 사랑을 주셨던 그분은 이미 고인이 된지 오래다. -「그 여름날에」 부분

이 또한 마음비우기의 한 보기임을 말하고 싶다. 그 동안 K사범대 교수였던 분과의 인연으로 문학에의 꿈을 일구어가던 소녀시절의 주인공은 부득이한 사정으로 K대 응시를 포기한다. 그와 더불어 '그분'과의 인연도 애써 끊게 되는 아쉬움을 남긴다. 운명이란 이처럼 예기치 않는 일로 조석변의 아픔을 겪는다. '이것이 인생이다'라는 자못 비장한 여운을 남기기는 하지만 수필가 이승숙은 어떤 고난에도 굴하지 않는 의지로 수필집『이화, 달빛 사르다』의 주인공으로 일어서게 된다.

> 바라만 봐도 좋은 길을 홀로 걸었다. 가끔은 비에 젖고 바람에 흔들린 삶도 있었다. 산다는 것은 끊임없이 먼지를 닦아내는 것이라 한다. 비우고 채워가는 삶을 살아갈 수 있다는 건 얼마나 고마운 일인가. 솔바람과 흘러가는 구름 한 조각이 길동무가 된다. 그들과 동행하는 사유의 길은 외롭지 않을 것이다.
>
> -「쌍산재」 결미

어느 분은 대도무문大道無門이라 했다. 지리산 자락을 소요하는 수필가 이승숙의 시야에 든 것은 소슬한 '쌍산재'이다. 그 재실에 걸린 선현의 정신을 배우고 익히는 일이 앞으로의 또 다른 수필문학을 위한 길이 될지도 모른다.

적요 가운데 솟은 덩그런 한 채 소슬한 '나무쪽문'을 나서는 수필가 이승숙은 '기다림의 등불에 풍경 하나 걸어'두는 수필세계로 지향하고 있어 보인다. 미덥고 든든한 일이다.

작법 해설

이 관 희(문학평론가)

창작문예수필의 이론적 해석은 산문의 시 문학이라는 것이다. 산문의 시 문학이란 시적 발상의 산문적 형상화 양식의 문학이라는 뜻이다.

'강물에 시뻘건 불기둥이 서 있다. 뜨거움에 놀랐는지 빨래판 같던 물결에 파도가 인다. 바다에 사는 파도가 강물에도 살고 있다.'

위의 문장은 그대로 한 행, 혹은 한 연의 시어라고 할 수 있다. 이 작품은 독자들이 보고 있는 그대로 운문의 시작품이 아닌 산문문장의 작품이다. 그럼에도 전체 작품이 자아애고 있는 분위기는 안개 속을 보고 있는 듯한 시적 분위기의 문장세계다.

사춘기 시절의 죽은 오빠에 대한 그리움과 자식들을 위해 끝까지 희생만 하시던 어머니에 대한 회한이 초혼제의 이미지와 함께 어울어지면서 자아내고 있는 「강변에서」 라는 제목의 이 미묘한 분위기의 문장세계를 무엇이라 해석 할 수 있는가?

필자는 이 같은, 운문의 시작품도 아니고, 소설도 아니며, 기존의 수필은 더욱 아닌 새로운 문학 형태를 '시적 발상의 산문적 형상화 양식의 문학'이라 해석하게 되있고, 그 이름을 창작문예수필이라 부르게 되었다.

문학은 진화하는 것이다. 지금 이 순간에도 시, 소설, 희곡, 동화, 그리고 여타 모든 예술은 끊임없이 진화하고 있다. 오직 '붓 가는 대로'의 기존의 수필만이 지금도 '붓 가는 대로' 글을 쓰면서 문학이라고 우기고 있다. 흐르지 않는 물은 강물이 아니듯 새로운 모습으로 변하지 않는 것은 문학이 아니다.

이승숙 수필집
이화, 달빛 사르다

인쇄일: 2017년 8월 05일
발행일: 2017년 8월 10일

지은이: 이승숙
펴낸이: 최경식
펴낸곳: 도서출판 청옥문학사
인쇄처: 세종문화사

등록번호 제10-11-05호
E-mail: sik620@hanmail.net
전화: 051-517-6068

값 12,000원

ISBN 978-89-97805-60-0 03800

이 도서의 국립중앙도서관 출판예정도서목록(cip)은 서지정보유통지원시스템 홈페이지(http://seoji.nl.go.kr)와 국가자료공동목록시스템(http://www.nl.go.kr/kolisnet)에서 이용하실 수 있습니다.(cip2017017754)

본 도서는 2017년 부산광역시, 부산문화재단 지역문화예술특성화지원사업으로 지원을 받았습니다.